资助单位：

南京大学长江三角洲经济社会发展研究中心

中国特色社会主义经济建设协同创新中心

江苏高校协同创新中心（区域经济转型与管理变革）

南京大学长江三角洲经济社会发展研究中心年度自选项目
（项目批准号：2020-NDCSJ-02-01）

Data Report on Economic and Social Development in the Yangtze River Delta

Technological Innovation

长江三角洲经济社会发展数据报告

技术创新

郑江淮 戴 玮 冉 征 等/著

科学出版社

北 京

内 容 简 介

本报告依托长江三角洲经济社会发展数据库，从空间维度（长三角核心区 16 个城市或两省一市）和时间维度（2008～2018 年）展开，基于长三角核心区的技术创新区域特征、发展态势、结构演化等视角，用翔实的数据客观反映了长三角核心区的技术创新发展与变迁，较好地把握了长三角核心区技术创新的发展禀赋与结构特征，有助于提升各类决策者分析判断的有效性、精准性。

本报告对各类经济主体（特别是对技术创新主体）的决策判断、职能部门的政策制定、经济运行的学术研究，能够起到积极的作用。

图书在版编目（CIP）数据

长江三角洲经济社会发展数据报告. 技术创新 / 郑江淮等著. —北京：科学出版社，2022.3

ISBN 978-7-03-071840-2

Ⅰ. ①长…　Ⅱ. ①郑…　Ⅲ. ①长江三角洲-区域经济发展-研究报告 ②长江三角洲-社会发展-研究报告 ③长江三角洲-技术创新-发展-研究报告　Ⅳ. ①F127.5

中国版本图书馆 CIP 数据核字（2022）第 042190 号

责任编辑：杨婵娟　姚培培 / 责任校对：韩　杨

责任印制：徐晓晨 / 封面设计：有道文化

科 学 出 版 社 出版

北京东黄城根北街 16 号

邮政编码：100717

http://www.sciencep.com

北京建宏印刷有限公司 印刷

科学出版社发行　各地新华书店经销

*

2022 年 3 月第　一　版　开本：720×1000　B5

2022 年 3 月第一次印刷　印张：11 1/4

字数：227 000

定价：75.00 元

（如有印装质量问题，我社负责调换）

前　　言

自唐宋经济重心南移以来，长江三角洲（简称长三角）地区一直是我国创新精神发展与繁荣之所。其发达的工商业和先进的教育水平在历史上留下了诸多佳话，新中国成立七十多年来，富有创新精神的长三角早已凭借完善的制度设计、卓越的资源禀赋和丰裕的人力资源成为当代中国最重要的创新之地。本报告试图以丰富的数据，在创新驱动发展战略指引下客观反映长三角的技术创新发展现状，全面地理解长三角及其在我国创新版图中的中流砥柱之态。

技术创新在当前经济学和统计学研究中仍处于起步阶段，面对起始较晚、复杂多变的数据现实，技术创新报告相关数据呈现时间新、数据少、变化多的特点。所以，本报告立足实际的数据供给，在研究时以省级行政区统计单元为主，在数据支持的条件下将相关分析深入地级行政区统计单元。本报告主要从狭义长三角的角度，对长三角江苏省、浙江省和上海市（简称两省一市）进行考察，并对长三角核心区上海市、无锡市、宁波市、舟山市、苏州市、扬州市、杭州市、绍兴市、南京市、南通市、常州市、湖州市、嘉兴市、镇江市、台州市和泰州市 16 个城市进行重点分析。

本报告首先介绍长三角两省一市技术创新基本情况，从研发项目、人员、机构以及经费角度对长三角技术创新的主体进行概述；然后进一步面向工业企业、高等院校和行政机构“产学研”三大主体，分别考察其技术创新活动的项目、人员以及经费等信息；而后针对技术创新成果转化的重要标志——专利数据，开展深入到地级行政区统计单元的分析，考察专利申请与授权情况；最后，国家高新技术产业开发区[①]是高新技术产业成果转化的实施主体与创新活动的重要载体，本报告对地级行政区统计单元的高新区进行分析，以期更好地理解长三角核心区的技术创新活动及其成果转化。

① 中华人民共和国国务院批准成立的国家级科技工业园区，简称高新区。

本报告的出版是我们对长三角经济数据的整理应用，得益于博士研究生戴玮、冉征的充分工作。本报告其他撰写人员还有：董一点、高金涛、林雅琪、刘美君、孔祥瑜、张嘉玲。本报告的出版，还要特别感谢科学出版社的鼎力支持以及责任编辑杨婵娟的辛勤努力。

“长江三角洲经济社会发展数据报告”编委会

2021年11月

目　　录

1 基本情况

1.1 R&D 项目数

R&D（研究与开发）项目数指在当年立项并开展研究工作，以及以前年份立项现仍继续进行研究的研发项目（课题）数，包括当年完成和年内研究工作已告失败的研发项目（课题）数，但不包括委托外单位进行的研发项目（课题）数。R&D 项目是进行 R&D 活动的基本组织形式，通常由 R&D 活动的执行单位依据项目立项书或合同书等形式明确项目任务、目标、人员和经费等。本节数据主要来源于长三角两省一市的统计年鉴。①

1.1.1 从数字看态势

2018 年，长三角两省一市 R&D 项目数为 162 808 项。分地区看，浙江省 2018 年 R&D 项目数为 77 940 项，占长三角两省一市比重达 47.87%，在长三角两省一市中占比最高。江苏省 2018 年 R&D 项目数为 72 426 项，占比为 44.49%。上海市 2018 年 R&D 项目数为 12 442 项，占比为 7.64%（表 1-1）。

表 1-1 2018 年长三角两省一市 R&D 项目数及其增长

地区	2018 年 R&D 项目		2018 年比 2008 年增长倍数（倍）	2008～2018 年年均增长率（%）
	数量（项）	占比（%）		
上海市	12 442	7.64	0.78	5.94
江苏省	72 426	44.49	3.03	14.96
浙江省	77 940	47.87	3.54	16.33
合计	162 808	100.00	2.87	14.49

注：因四舍五入原因，计算所得数值有时与实际统计值有些微出入，特此说明。

2008～2018 年，长三角两省一市 R&D 项目数稳步增长（图 1-1）。2018 年，长三角两省一市平均 R&D 项目数为 54 269 项。其中，浙江省 R&D 项目数在区域内领先，江苏省 R&D 项目数亦高于平均水平（图 1-2）。

① 本报告中的江苏省和浙江省指江苏省和浙江省全境，区别于包含于长三角核心区（含 16 个城市）的江苏地区和浙江地区。因受到各指标城市层面数据缺失的限制，本节选取长三角两省一市作为数据分析的范围，本章其他小节亦然。

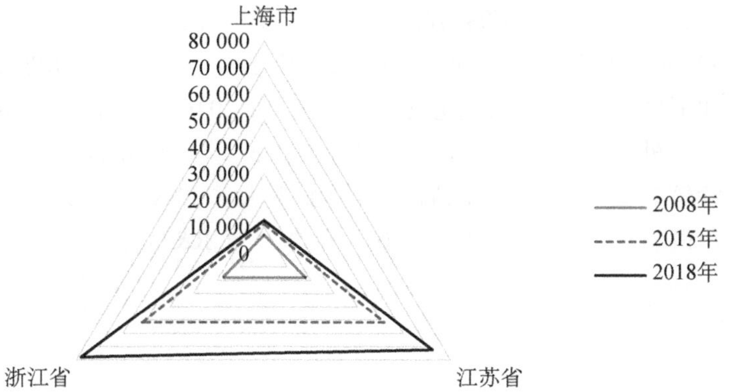

图 1-1　2008 年、2015 年、2018 年长三角两省一市 R&D 项目数（单位：项）

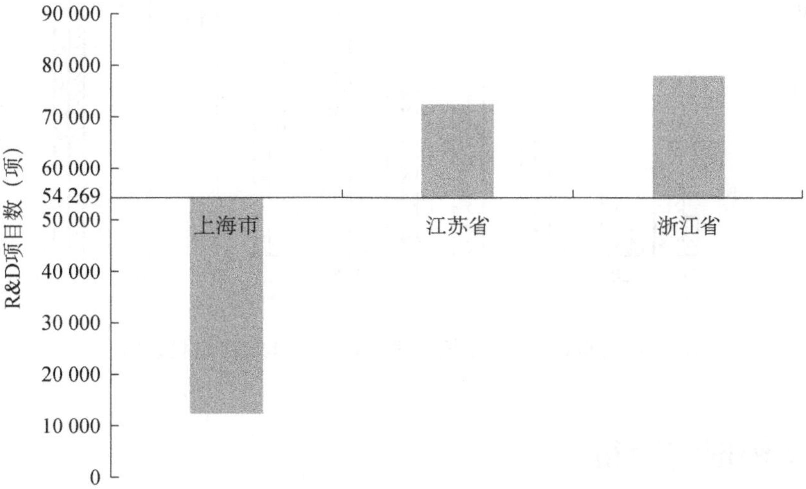

图 1-2　2018 年长三角两省一市 R&D 项目数与平均值比较

1.1.2　从增速看发展

2018 年，长三角两省一市 R&D 项目数为 162 808 项，相比 2008 年的 42 119 项增长了 2.87 倍，10 年间年均增长率达到 14.49%（表 1-1）。分地区看，浙江省 2018 年 R&D 项目数为 77 940 项，相比 2008 年的 17 177 项增长了 3.54 倍，年均增长率达到 16.33%，在长三角两省一市中增速最快。江苏省 2018 年 R&D 项目数为 72 426 项，相比 2008 年的 17 944 项增长了 3.03 倍，年均增长率为 14.96%。上海市 2018 年 R&D 项目数为 12 442 项，相比 2008 年的 6998 项增长了 0.78 倍，年均增长率为 5.94%。其中，江苏省和浙江省总体增长趋势更为强劲，除 2010 年两省一市 R&D 项目数均有较为明显的下降外，整体呈现出上涨态势（图 1-3）。上海市的 R&D 项目数在 2014 年达到峰值，整体来看，2011 年以后变动幅度不大。2016 年及之前，江苏省 R&D 项目数在长三角两省一市领先，2017～2018 年浙江省 R&D 项目数实现赶超，居长三角两省一市首位。

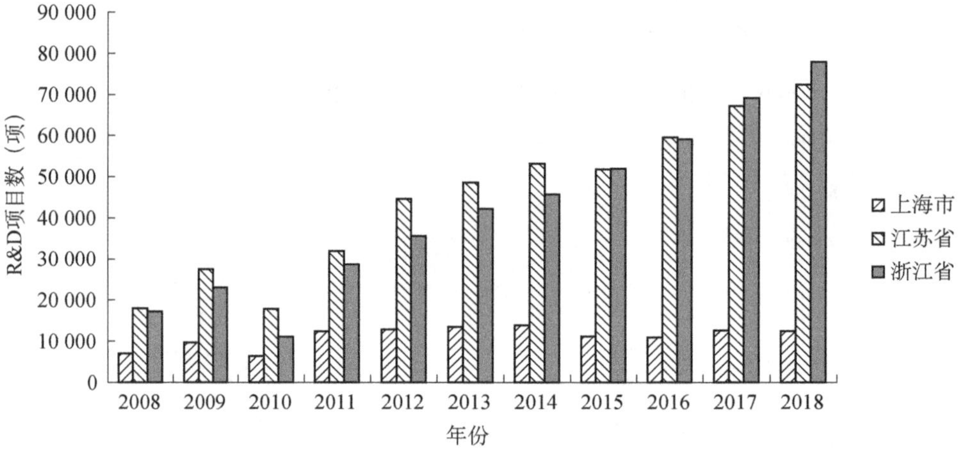

图 1-3　2008～2018 年长三角两省一市 R&D 项目数变化

1.1.3　从构成看特征

表 1-2 列出了 2008～2018 年长三角两省一市 R&D 项目数。可以看出，两省一市间存在一定差异，但单纯的总量衡量往往不能全面地反映区域的实际情况。可以通过在全国的占比来反映长三角两省一市 R&D 项目数在全国的水平，从构成的角度更全面地审视长三角两省一市开展 R&D 的状况。表 1-3 展示了 2008～2018 年长三角两省一市合计 R&D 项目数及其占全国比重，2008～2018 年长三角两省一市合计 R&D 项目数占全国比重呈现波动上升的趋势，波动区间为 24%～38%。

表 1-2　2008～2018 年长三角两省一市 R&D 项目数　（单位：项）

地区	2008 年	2009 年	2010 年	2011 年	2012 年	2013 年
上海市	6 998	9 667	6 397	12 378	12 833	13 441
江苏省	17 944	27 454	17 826	31 933	44 570	48 530
浙江省	17 177	22 986	11 046	28 672	35 582	42 158
合计	42 119	60 107	35 269	72 983	92 985	104 129

地区	2014 年	2015 年	2016 年	2017 年	2018 年
上海市	13 821	11 089	10 909	12 557	12 442
江苏省	53 117	51 720	59 535	67 205	72 426
浙江省	45 679	51 940	59 088	69 180	77 940
合计	112 617	114 749	129 532	148 942	162 808

表 1-3　2008～2018 年长三角两省一市合计 R&D 项目数及其占全国比重

年份	长三角两省一市合计（项）	全国（项）	占全国比重（%）
2008	42 119	143 448	29.36
2009	60 107	194 553	30.89
2010	35 269	145 589	24.23
2011	72 983	232 158	31.44
2012	92 985	287 524	32.34
2013	104 129	322 567	32.28
2014	112 617	342 507	32.88
2015	114 749	309 895	37.03
2016	129 532	360 997	35.88
2017	148 942	445 029	33.47
2018	162 808	472 299	34.47

1.2　研发机构数

研发机构是指有明确的研究方向和任务，有一定水平的学术带头人和一定数量、质量的研究人员，有开展研究工作的基本条件并长期有组织地从事 R&D 活动的机构。其主要工作包括从事科学技术方面的研究，将研究成果开拓、发展为实际应用的工具、设备、仪器、材料、方法、工艺。研发机构数反映了地区针对特定目标开展高水平研发的水平，本节数据主要来源于长三角两省一市的统计年鉴。

1.2.1 从数字看态势

2018 年长三角两省一市研发机构数为 38 730 家，其中所属科研单位、规模以上工业企业和高等学校的研发机构数分别为 328 家、35 166 家、2188 家，另有其他研发机构 1048 家。分地区看，江苏省 2018 年研发机构数为 24 728 家，占长三角两省一市比重为 63.85%，在长三角两省一市中占比最高，超过一半；浙江省 2018 年研发机构数为 11 079 家，占比为 28.61%；上海市 2018 年研发机构数为 2923 家，占比为 7.55%（表 1-4）。

表 1-4 2018 年长三角两省一市研发机构数及其增长

地区	2018 年研发机构						2018 年比 2008 年增长倍数（倍）	2008～2018 年年均增长率（%）
	总数（家）	占比（%）	科研单位（家）	规模以上工业企业（家）	高等学校（家）	其他（家）		
上海市	2 923	7.55	106	2 556	123	138	1.06	7.49
江苏省	24 728	63.85	130	22 469	1 219	910	4.19	17.91
浙江省	11 079	28.61	92	10 141	846	0	0.84	6.30
合计	38 730	100.00	328	35 166	2 188	1 048	2.17	12.25

2008～2018 年，长三角两省一市研发机构数快速增长（图 1-4），其中江苏省涨势最为显著。2018 年，长三角两省一市平均研发机构数为 12 910 家。其中江苏省研发机构数在区域内领先，上海市与浙江省研发机构数均低于平均水平（图 1-5）。

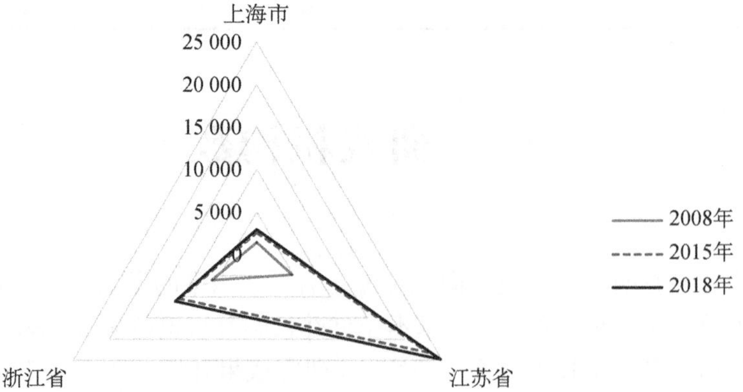

图 1-4 2008 年、2015 年、2018 年长三角两省一市研发机构数（单位：家）

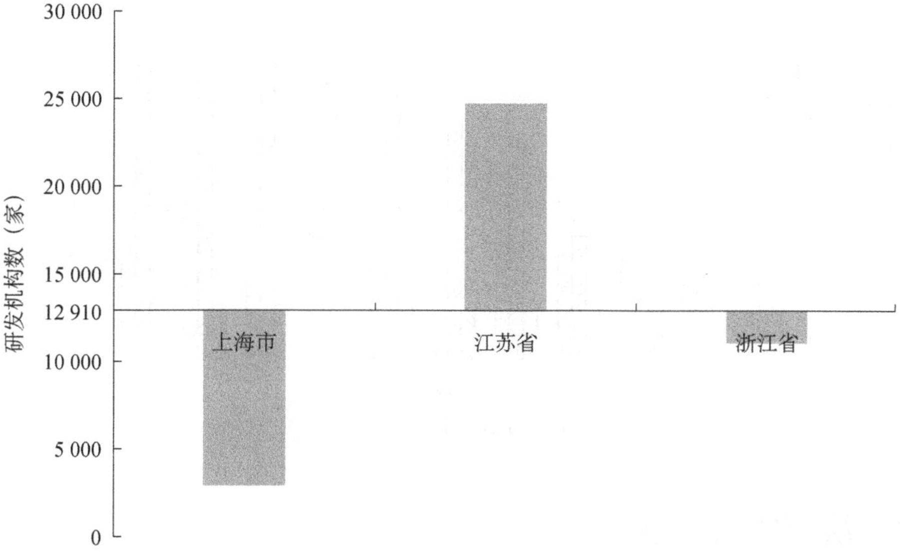

图 1-5　2018 年长三角两省一市研发机构数与平均值比较

1.2.2　从增速看发展

2018 年长三角两省一市研发机构数为 38 730 家，相比 2008 年的 12 196 家增长 2.18 倍，10 年间年均增长率达 12.25%。长三角两省一市规模以上工业企业研发机构数量最多。分地区看，江苏省 2018 年研发机构数为 24 728 家，相比 2008 年 4761 家增长 4.19 倍，年均增长率达到 17.91%，在长三角两省一市中增速最快。浙江省 2018 年研发机构数为 11 079 家，相比 2008 年 6015 家增长 0.84 倍，年均增长率为 6.30%。上海市 2018 年研发机构数为 2923 家，相比 2008 年的 1420 家增长 1.06 倍，年均增长率为 7.49%（表 1-4）。江苏省总体增长趋势最为强劲，整体呈现上涨态势，尤其在 2011～2012 年大幅增长。上海市和浙江省也呈现出整体上涨趋势，从年均增长率上看，上海市次于江苏省，浙江省再次之。

图 1-6 展示了 2008～2018 年长三角两省一市研发机构数的动态变化。其中，上海市的研发机构数变化幅度较小，且一直处于长三角两省一市的末位；浙江省的研发机构数在 2008 年处于领先地位，但随后的发展趋势较为平缓；江苏省的研发机构数增长迅速，截至 2018 年，已大幅领先于浙江省和上海市，是长三角两省一市的科研主力。

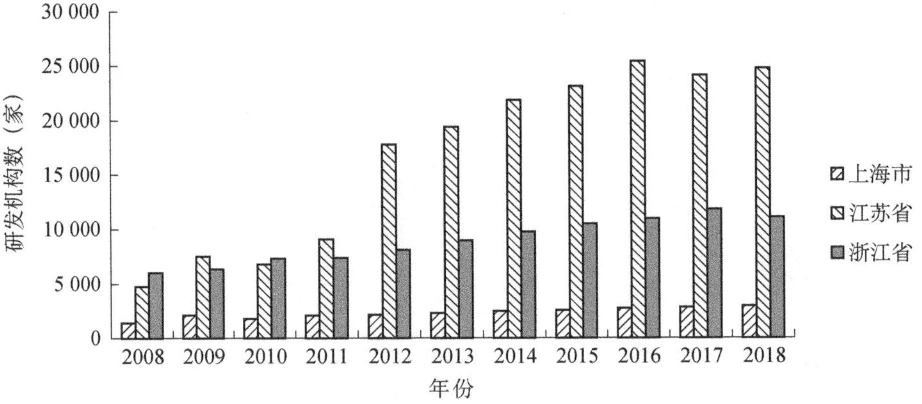

图 1-6　2008～2018 年长三角两省一市研发机构数变化

1.2.3　从构成看特征

表 1-5 列出了 2008～2018 年长三角两省一市的研发机构数。但单纯的总量衡量往往不能全面地反映区域的实际情况，因此，可以通过其在全国的占比来反映长三角两省一市研发机构数在全国的水平，从构成的角度更全面地审视长三角两省一市研发机构的状况。表 1-6 展示了 2008～2018 年长三角两省一市合计研发机构数及其占全国比重的动态变化情况，长三角两省一市合计研发机构数占全国比重表现出先增加后下降的总体趋势，大部分年份在四成以上，表现出长三角两省一市在发展研发机构方面在全国领先，但近年来全国发展研发机构总体水平提升速度快于长三角两省一市。

表 1-5　2008～2018 年长三角两省一市研发机构数　　（单位：家）

地区	2008 年	2009 年	2010 年	2011 年	2012 年	2013 年
上海市	1 420	2 109	1 782	2 074	2 152	2 293
江苏省	4 761	7 521	6 798	9 061	17 776	19 393
浙江省	6 015	6 366	7 311	7 369	8 119	8 970
合计	12 196	15 996	15 891	18 504	28 047	30 656

地区	2014 年	2015 年	2016 年	2017 年	2018 年
上海市	2 469	2 547	2 706	2 808	2 923
江苏省	21 844	23 101	25 402	24 112	24 728
浙江省	9 747	10 467	10 950	11 809	11 079
合计	34 060	36 115	39 058	38 729	38 730

表 1-6　2008～2018 年长三角两省一市合计研发机构数及其占全国比重

年份	长三角两省一市合计（家）	全国（家）	占全国比重（%）
2008	12 196	35 063	34.78
2009	15 996	39 668	40.32
2010	15 891	28 246	56.26
2011	18 504	43 623	42.42
2012	28 047	58 836	47.67
2013	30 656	65 118	47.08
2014	34 060	71 508	47.63
2015	36 115	78 336	46.10
2016	39 058	89 636	43.57
2017	38 729	101 185	38.28
2018	38 730	102 701	37.71

1.3　R&D 人员数

研发人员是指报告期从事基础研究、应用研究和试验发展活动的人员。研发人员数包括直接参加上述三类 R&D 活动的人员数，以及与上述三类 R&D 活动相关的管理人员数和直接服务人员数，即直接为 R&D 活动提供资料文献、材料供应、设备维护等服务的人员数；不包括为 R&D 活动提供间接服务的人员数，如餐饮服务、安保人员数等。研发人员数来源于长三角两省一市统计年鉴和万德数据库。

1.3.1　从数字看态势

2018 年长三角两省一市研发人员数为 152.33 万人。分地区看，江苏省 2018 年研发人员数为 79.41 万人，占长三角两省一市比重达 52.13%，在长三角两省一市中占比最高；浙江省 2018 年研发人员数为 45.80 万人，占比为 30.07%；上海市 2018 年研发人员数为 27.12 万人，占比为 17.80%（表 1-7）。

表 1-7　2018 年长三角两省一市研发人员数及其增长

地区	2018 年研发人员		2018 年比 2008 年	2008～2018 年
	数量（万人）	占比（%）	增长倍数（倍）	年均增长率（%）
上海市	27.12	17.80	1.78	10.77
江苏省	79.41	52.13	0.48	4.01
浙江省	45.80	30.07	1.86	11.07
合计	152.33	100.00	0.92	6.74

2008～2018 年，长三角两省一市研发人员数的增长呈现时代差异（图 1-7）。江苏省在 2008 年后研发人员快速增长，但在 2015 年后发生了显著的负增长。上海市和浙江省则保持了相对平稳的增长态势。2018 年，长三角两省一市平均研发人员数为 50.78 万人，其中江苏省研发人员数虽经历负增长，但仍高于区域平均水平（图 1-8）。

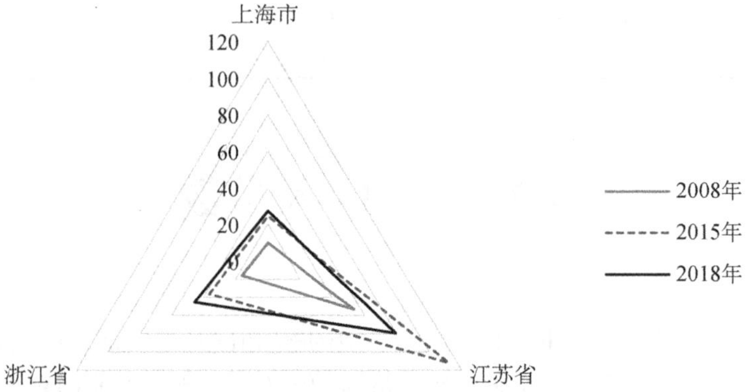

图 1-7　2008 年、2015 年、2018 年长三角两省一市研发人员数（单位：万人）

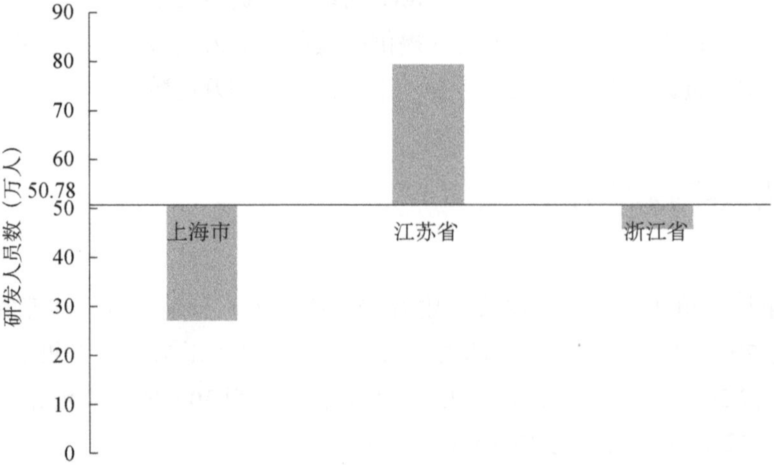

图 1-8　2018 年长三角两省一市研发人员数与平均值比较

1.3.2 从增速看发展

2018 年长三角两省一市研发人员数为 152.33 万人，与 2008 年相比增长明显。分地区看，江苏省 2018 年研发人员数为 79.41 万人，在两省一市中研发人员数最多，相比 2008 年 53.59 万人增长 0.48 倍，年均增长率为 4.01%。浙江省 2018 年研发人员数为 45.80 万人，相比 2008 年 16.03 万人增长 1.86 倍，年均增长率为 11.07%。上海市 2018 年研发人员数为 27.12 万人，相比 2008 年 9.75 万人增长 1.78 倍，年均增长率为 10.77%（表 1-7）。据图 1-9，从增速看，长三角两省一市研发人员数整体呈上升趋势，由 2008 年的 79.37 万人增长到 2018 年的 152.33 万人，增长了 0.92 倍，10 年间年均增长率为 6.74%。[①]

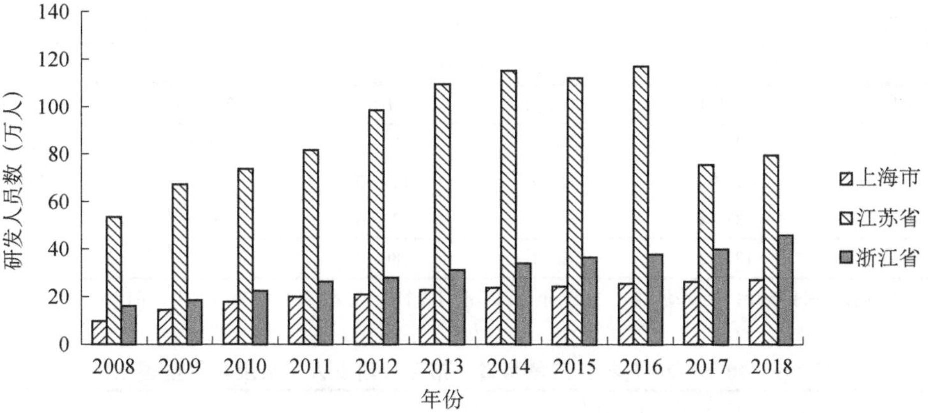

图 1-9　2008～2018 年长三角两省一市研发人员数变化

注：江苏省数据受统计口径变动影响，2017 年及以后统计口径为研发人员数，2016 年及以前为科技活动人员数。

1.3.3 从构成看特征

表 1-8 列出了 2008～2018 年长三角两省一市研发人员数。可以看出，两省一市间存在一定差异，但单纯的总量衡量往往不能全面地反映区域的实际情况。因此，可以

① 江苏省数据受统计口径变动影响，2017 年及以后统计口径为研发人员数，2016 年及以前为科技活动人员数，故而 2017 年研发人员数统计数值出现大幅下降，10 年间总体增速较慢，但并未反映研发人员数本身发展增长情况。

通过其在全国的占比来反映长三角两省一市研发人员数在全国的水平，从构成的角度更全面地审视长三角两省一市研发人员增长的状况。表 1-9 展示了 2008～2018 年长三角两省一市合计研发人员数及其占全国比重的动态变化，其中长三角两省一市核心区合计研发人员数占全国比重表现出先增加后下降的总体发展趋势，总体水平占四成左右，表现出长三角两省一市研发人员数的发展领先全国，近年来全国研发人员数总体水平提升速度快于长三角两省一市，致使长三角两省一市研发人员数占全国比重有所下降。

表 1-8　2008～2018 年长三角两省一市研发人员数　（单位：万人）

地区	2008 年	2009 年	2010 年	2011 年	2012 年	2013 年
上海市	9.75	14.49	17.75	19.87	20.88	22.68
江苏省	53.59	67.17	73.69	81.62	98.23	109.46
浙江省	16.03	18.51	22.35	26.29	27.81	31.10
合计	79.37	100.17	113.79	127.78	146.92	163.24

地区	2014 年	2015 年	2016 年	2017 年	2018 年
上海市	23.68	24.27	25.48	26.23	27.12
江苏省	115.00	111.99	117.00	75.42	79.41
浙江省	33.84	36.47	37.66	39.81	45.80
合计	172.52	172.73	180.14	141.46	152.33

注：江苏省数据受统计口径变动影响，2017 年及以后统计口径为研发人员数；2016 年及以前为科技活动人员数。

表 1-9　2008～2018 年长三角两省一市合计研发人员数及其占全国比重

年份	长三角两省一市合计（万人）	全国（万人）	占全国比重（%）
2008	79.37	208.6	38.05
2009	100.17	238.2	42.05
2010	113.79	242.1	47.00
2011	127.78	281.0	45.47
2012	146.92	333.4	44.07
2013	163.24	351.2	46.48
2014	172.52	365.0	47.27
2015	172.73	394.3	43.81
2016	180.14	422.6	42.63
2017	141.46	463.0	30.55
2018	152.33	463.1	32.89

1.4 科研活动经费支出

科研活动经费支出包括在报告期内，调查单位内部为实施 R&D 活动而实际发生的全部经费支出，按支出性质分为日常性支出和资产性支出，其中不包括调查单位委托其他单位或与其他单位合作开展 R&D 活动而转拨给其他单位的经费。科研活动经费支出从资金投入方面反映地区的创新活动强度。两省一市科研活动经费支出和全国科研活动经费支出的数据均来源于长三角两省一市及全国统计年鉴。

1.4.1 从数字看态势

2018 年，长三角两省一市科研活动经费支出为 5309.32 亿元。分地区看，江苏省 2018 年科研活动经费支出为 2504.43 亿元，占长三角两省一市比重为 47.17%，占比接近一半；浙江省 2018 年科研活动经费支出为 1445.69 亿元，占比为 27.23%；上海市 2018 年科研活动经费支出为 1359.20 亿元，占比为 25.60%，浙江省与上海市占比较为接近（表 1-10）。

表 1-10 2018 年长三角两省一市科研活动经费支出及其增长

地区	2018 年科研活动经费支出		2018 年比 2008 年增长倍数（倍）	2008～2018 年年均增长率（%）
	数量（亿元）	占比（%）		
上海市	1359.20	25.60	2.75	14.14
江苏省	2504.43	47.17	3.28	15.66
浙江省	1445.69	27.23	3.18	15.38
合计	5309.32	100.00	3.11	15.17

2008～2018 年，长三角两省一市科研活动经费支出稳健提升（图 1-10）。2018 年，长三角两省一市平均科研活动经费支出为 1769.77 亿元。其中，江苏省在区域内领先，上海市和浙江省水平较为接近（图 1-11）。

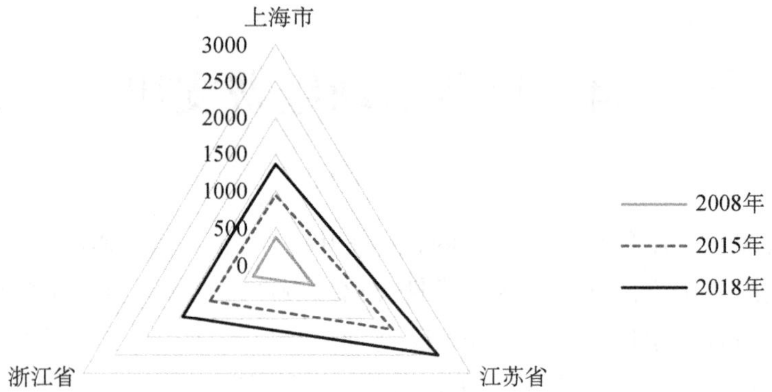

图 1-10　2008 年、2015 年、2018 年长三角两省一市科研活动经费支出（单位：亿元）

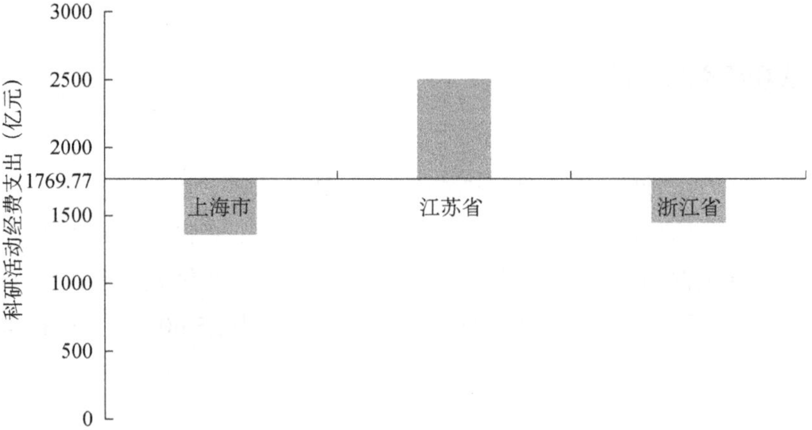

图 1-11　2018 年长三角两省一市科研活动经费支出与平均值比较

1.4.2　从增速看发展

2018 年长三角两省一市科研活动经费支出为 5309.32 亿元，相比 2008 年的 1292.63 亿元增长 3.11 倍，10 年间年均增长率达 15.17%，科研活动经费支出整体增长迅速。分地区看，江苏省 2018 年科研活动经费支出为 2504.43 亿元，相比 2008 年 584.57 亿元增长 3.28 倍，年均增长率达 15.66%，在长三角两省一市中增速最快。浙江省 2018 年科研活动经费支出为 1445.69 亿元，相比 2008 年 345.76 亿元增长 3.18 倍，年均增长率达 15.38%，仅次于江苏省。上海市 2018 年科研活动经费支出为 1359.20 亿元，相比 2008 年 362.30 亿元增长 2.75 倍，年均增长率为 14.14%（表 1-10）。其中，江苏省总体增长趋势最为强劲，且整体表现出逐年优势扩大的趋势。上海市和浙江省也呈现出整体上涨趋势，且二者的整体增长情况十分接近（图 1-12）。

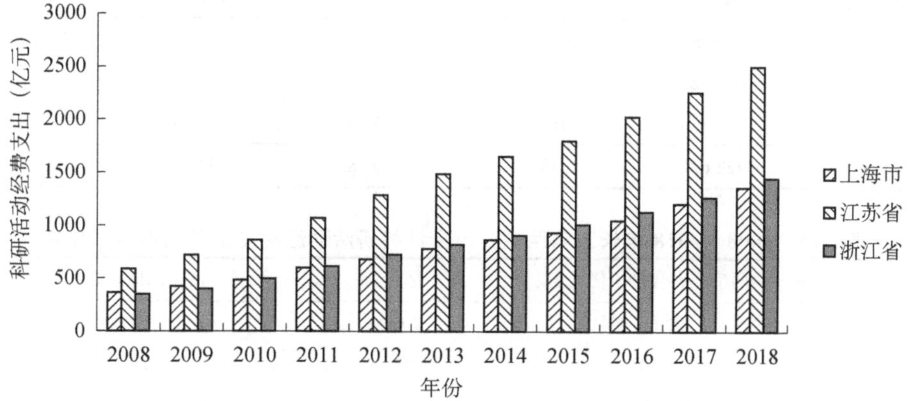

图 1-12　2008～2018 年长三角两省一市科研活动经费支出变化

1.4.3　从构成看特征

表 1-11 列出了 2008～2018 年长三角两省一市的科研活动经费支出。可以看出，两省一市间存在一定差异，但单纯的总量衡量往往不能全面地反映区域的实际情况。因此，可以通过其在全国的占比来反映长三角两省一市科研活动经费支出在全国的水平，从构成的角度更全面地审视长三角科研活动经费支出的增长状况。表 1-12 表明，2008～2018 年长三角两省一市合计科研活动经费支出占全国比重变化波动不大，总体水平约在 26%，表现出长三角两省一市科研活动经费支出与全国科研活动经费支出几乎同比增长，均保持良好的增长态势。

表 1-11　2008～2018 年长三角两省一市科研活动经费支出（单位：亿元）

地区	2008 年	2009 年	2010 年	2011 年	2012 年	2013 年
上海市	362.30	423.38	481.70	597.71	679.46	776.78
江苏省	584.57	717.12	857.95	1071.96	1288.02	1487.45

续表

地区	2008 年	2009 年	2010 年	2011 年	2012 年	2013 年
浙江省	345.76	398.84	494.23	612.93	722.59	817.27
合计	1292.63	1539.34	1833.88	2282.60	2690.07	3081.50

地区	2014 年	2015 年	2016 年	2017 年	2018 年
上海市	861.95	936.14	1049.32	1205.21	1359.20
江苏省	1652.82	1801.23	2026.87	2260.06	2504.43
浙江省	907.85	1011.18	1130.63	1266.34	1445.69
合计	3422.62	3748.55	4206.82	4731.61	5309.32

表 1-12　2008～2018 年长三角两省一市合计科研活动经费支出及其占全国比重

年份	长三角两市一省合计（亿元）	全国（亿元）	占全国比重（%）
2008	1 292.63	4 616.0	28.00
2009	1 539.34	5 802.1	26.53
2010	1 833.88	7 062.6	25.97
2011	2 282.60	8 687.0	26.28
2012	2 690.07	10 298.4	26.12
2013	3 081.50	11 846.6	26.01
2014	3 422.62	13 015.6	26.30
2015	3 748.55	14 169.9	26.45
2016	4 206.82	15 676.7	26.83
2017	4 731.61	17 606.1	26.87
2018	5 309.32	19 677.9	26.98

1.5　研发经费占比

科研活动经费通过经济投入的绝对值反映地区开展研发活动的情况，通过科研活动经费和地区生产总值的对比可以反映出地区研发活动的相对强度，我们使用科研活动经费占地区生产总值比重（即研发经费占比）进行考察。科研活动经费和地区生产总值的数据均来源于长三角两省一市的统计年鉴。

1.5.1 从数字看态势

2018 年，长三角两省一市平均研发经费占比为 3.14%。分地区看，上海市研发经费占比始终显著高于其他两省，上海市 2018 年研发经费占比为 4.16%，其占比和年均增长率均列长三角两省一市第一位。江苏省 2018 年研发经费占比为 2.70%，浙江省 2018 年研发经费占比为 2.57%（表 1-13）。

表 1-13　2018 年长三角两省一市研发经费占比及其增长

地区	2008 年研发经费占比（%）	2018 年研发经费占比（%）	2018 年比 2008 年增长倍数（倍）	2008～2018 年年均增长率（%）
上海市	2.54	4.16	0.64	5.06
江苏省	1.93	2.70	0.40	3.41
浙江省	1.61	2.57	0.60	4.79
平均值	2.03	3.14	0.55	4.46

2008～2018 年，长三角两省一市研发经费占比稳步提升（图 1-13）。2018 年，长三角两省一市平均研发经费占比为 3.14%。其中，上海市研发经费占比在区域内领先，江苏省和浙江省研发经费占比仍有待提升（图 1-14）。

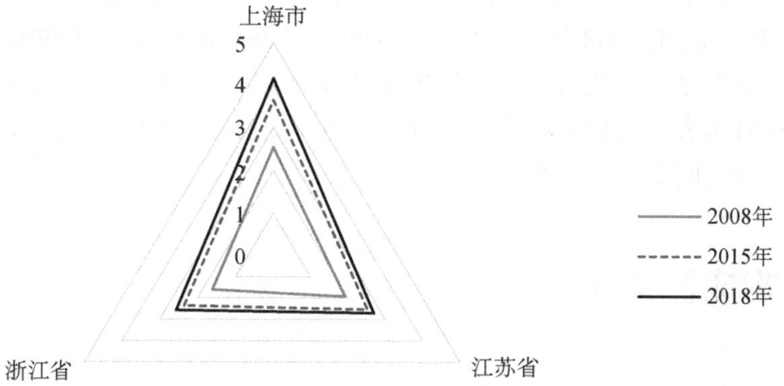

图 1-13　2008 年、2015 年、2018 年长三角两省一市研发经费占比（%）

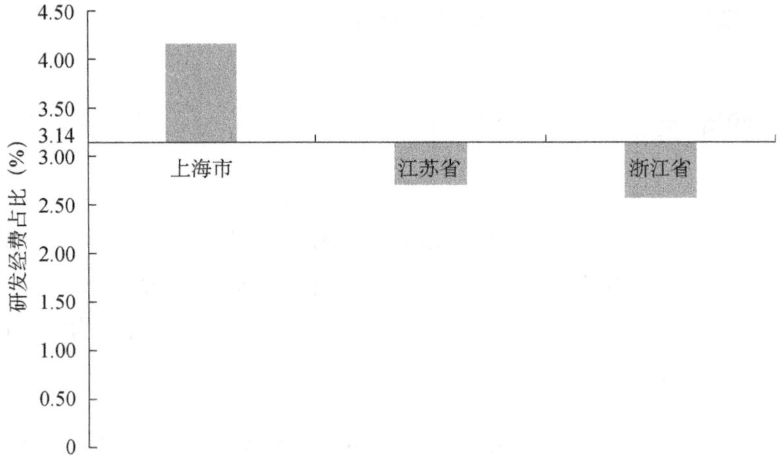

图 1-14　2018 年长三角两省一市研发经费占比与平均值比较

1.5.2　从增速看发展

2018 年长三角两省一市平均研发经费占比为 3.14%，相比 2008 年的 2.03%增长了 0.55 倍，10 年间年均增长率为 4.46%，研发经费占比有所提升。分地区看，上海市研发经费占比始终显著高于其他两省，上海市 2018 年研发经费占比为 4.16%，相比 2008 年 2.54%增长 0.64 倍，年均增长率为 5.06%。江苏省 2018 年研发经费占比为 2.70%，相比 2008 年 1.93%增长 0.40 倍，年均增长率为 3.41%。浙江省 2018 年研发经费占比为 2.57%，相比 2008 年 1.61%增长 0.60 倍，年均增长率为 4.79%（表 1-13）。其中，上海市研发经费占比水平显著领先于其他两省，且有优势进一步扩大的趋势。江苏省和浙江省也表现出研发经费占比逐年提升，整体水平较为接近，江苏省略高于浙江省，但两地区间差距在缩小（图 1-15）。

1.5.3　从构成看特征

表 1-14 列出了 2008～2018 年长三角两省一市的研发经费占比。可以看出，两省一市间存在一定差异，但单纯的总量衡量往往不能全面地反映区域的实际情况。

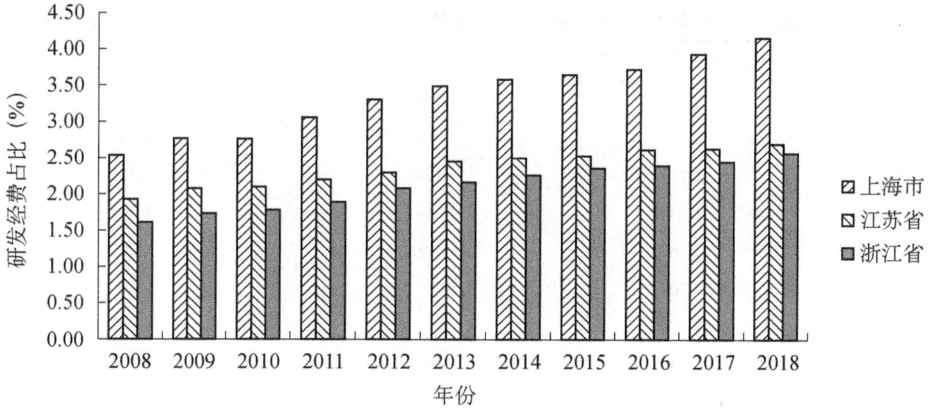

图 1-15 2008～2018 年长三角两省一市研发经费占比变化

因此，可以通过全国平均研发经费占比与长三角两省一市平均研发经费占比水平的对比来反映长三角两省一市研发经费占比在全国的水平，从构成的角度更全面地审视长三角研发经费占比提升的状况。表 1-15 展示了 2008～2018 年长三角两省一市平均研发经费占比相对全国平均研发经费占比。2008～2018 年，长三角两省一市平均研发经费占比相对全国平均研发经费占比总体呈现波动上升趋势，总体水平约 1.3 倍，表现出长三角两省一市平均研发经费占比总体领先于全国水平。

表 1-14 2008～2018 年长三角两省一市研发经费占比（%）

地区	2008 年	2009 年	2010 年	2011 年	2012 年	2013 年
上海市	2.54	2.77	2.76	3.06	3.30	3.49
江苏省	1.93	2.08	2.10	2.20	2.30	2.45
浙江省	1.61	1.73	1.78	1.89	2.08	2.16
平均值	2.03	2.19	2.21	2.38	2.56	2.70

地区	2014 年	2015 年	2016 年	2017 年	2018 年
上海市	3.58	3.65	3.72	3.93	4.16
江苏省	2.50	2.53	2.62	2.63	2.70
浙江省	2.26	2.36	2.39	2.45	2.57
平均值	2.78	2.85	2.91	3.00	3.14

表 1-15　2008～2018 年长三角两省一市平均研发经费占比相对全国平均研发经费占比

年份	长三角两省一市平均（%）	全国平均（%）	相对比值（倍）
2008	2.03	1.47	1.38
2009	2.19	1.70	1.29
2010	2.21	1.76	1.26
2011	2.38	1.84	1.30
2012	2.56	1.98	1.29
2013	2.70	2.08	1.30
2014	2.78	2.03	1.37
2015	2.85	2.07	1.37
2016	2.91	2.12	1.37
2017	3.00	2.15	1.40
2018	3.14	2.19	1.44

2 县级以上政府部门所属研发机构基本情况

2.1 研发机构数

研发机构作为科技研发与成果转化、人才培养的重要基地，是加快地区技术创新、推动经济高质量发展的重要引擎，其数量可以从侧面反映该地区创新发展程度。政府所属的研发机构从事的是与国家发展息息相关的领域，更多体现的是国家技术的进步。本节中的机构数特指县级以上政府部门所属研发机构的数量，因为城市级别数据缺失（各城市统计年鉴未统计该指标）以及时间数据缺失[部分省（直辖市）最早只公布了2008年的统计年鉴]，为了具有可比性，本节仅选取江苏省、浙江省和上海市的研发机构数来作描述性统计，该数据均来自长三角两省一市统计局公布的统计年鉴。

2.1.1 从数字看态势

2018年，长三角两省一市机构数共225个。其中，江苏省有118个，占比为52.44%；上海市有15个，占比为6.67%，浙江省有92个，占比为40.89%。因为是省级数据，所以江苏省和浙江省的机构数远超上海市，其中江苏省的机构数居于第一位，浙江省的机构数居于第二位，二者的机构数较为相近（表2-1）。

表2-1 2018年长三角两省一市机构数及其增长

地区	2018年机构数		2018年比2008年增长倍数（倍）	2008～2018年年均增长率（%）
	数量（个）	占比（%）		
上海市	15	6.67	−0.25	−2.84
江苏省	118	52.44	−0.18	−1.97
浙江省	92	40.89	−0.06	−0.63
合计	225	100.00	−0.14	−1.51

图2-1显示了2008年、2015年、2018年长三角两省一市机构数。图中显示，两省一市的机构数都呈减少态势，均有不同程度的萎缩，其中江苏省机构数下降得较为明显。

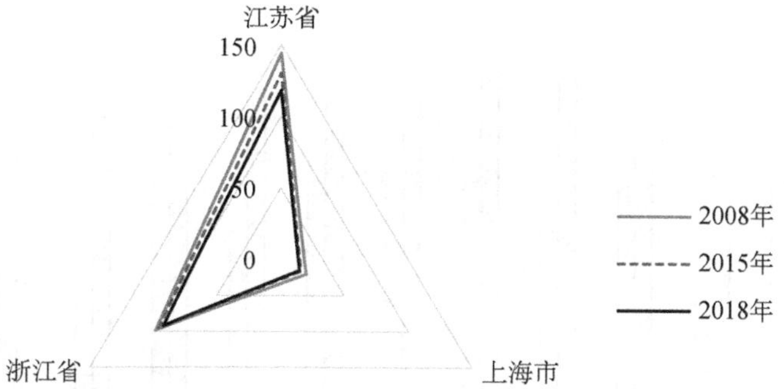

图 2-1 2008 年、2015 年、2018 年长三角两省一市机构数（单位：个）

2018 年，长三角两省一市的平均机构数为 75 个，如图 2-2 所示。

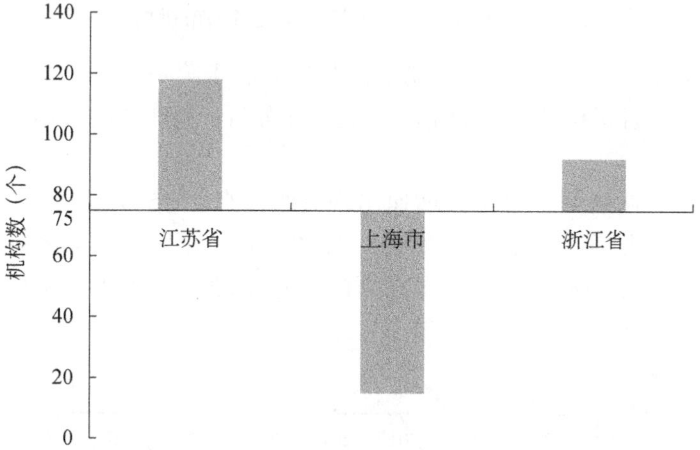

图 2-2 2018 年长三角两省一市机构数与平均值比较

2.1.2 从增速看发展

2008 年以来，长三角两省一市机构数呈现出不同程度的下降趋势（图 2-3），总数由 262 个减少到 225 个。其中，江苏省的机构数下降了 20%左右，上海市的机构数减少了 25%，浙江省的机构数下降程度较小，减少约 6.12%。

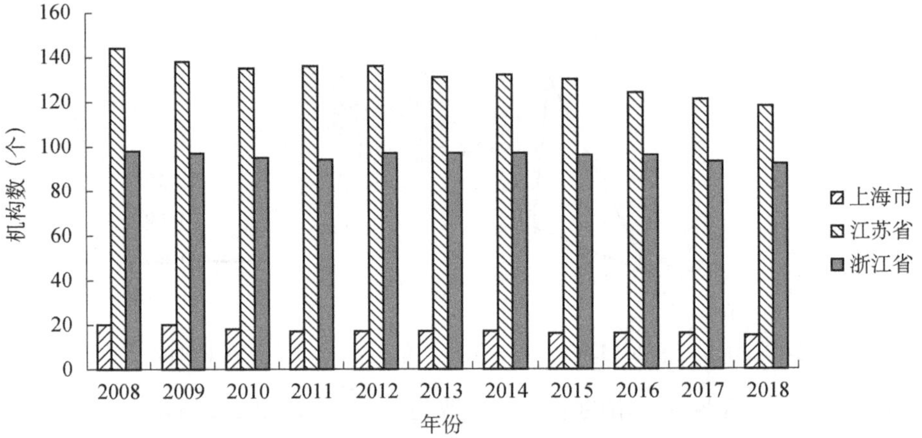

图 2-3　2008～2018 年长三角两省一市机构数

虽然，江苏省的机构数呈下降趋势，但其仍旧居于第一位，其 2018 年的机构数是居于第二位的浙江省机构数的 1.28 倍。而且，江苏省、浙江省的机构数一直保持在 90 个以上。

从增速上看，两省一市机构数增速出现萎缩。自 2015 年以来，江苏省、浙江省和上海市的机构数呈现负增长或零增长。总体来看，不同年份两省一市机构数的增长率存在轮替，过往增速大的地区，在新的一年中却未必能持续领跑（图 2-4）。

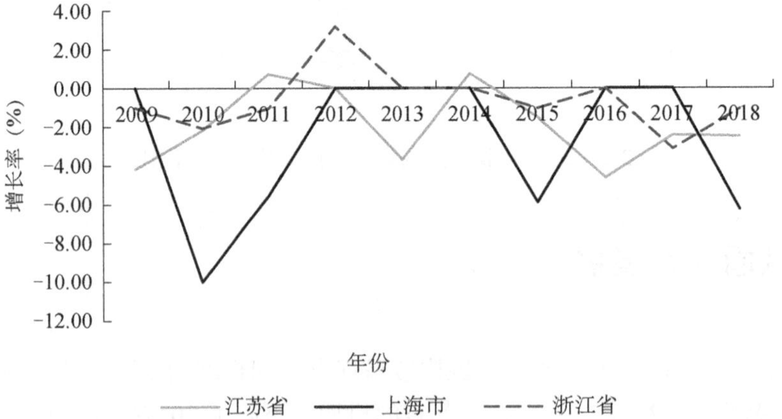

图 2-4　2009～2018 年长三角两省一市机构数增长率

2.2 从业人员数

创新驱动的本质是人才驱动，研发机构从业人员的数量是研发投入的一种侧面度量，从业人员数一直都是衡量创新能力的常规指标之一。本节的从业人员数均指县级以上政府部门所属研发机构的从业人员数，因为城市级别数据缺失（各城市统计年鉴未统计此指标）以及时间数据缺失[部分省（直辖市）最早只公布了 2008 年的统计年鉴]，为了具有可比性，本节仅选取两省一市从业人员数来作描述性统计，本节数据均来自长三角两省一市统计局公布的统计年鉴。

2.2.1 从数字看态势

2018 年，长三角两省一市从业人员数共 33 572 人。其中，江苏省的从业人员数有 22 134 人，占比约 65.93%；上海市的从业人员数为 740 人，占比约 2.20%，浙江省的从业人员数为 10 698 人，占比 31.87%，如表 2-2 所示。江苏省的从业人员数远多于其他两个地区，占比将近 2/3。

表 2-2　2018 年长三角两省一市从业人员数及其增长

地区	2018 年从业人员数		2018 年比 2008 年增长倍数（倍）	2008～2018 年年均增长率（%）
	数量（人）	占比（%）		
上海市	740	2.20	−0.28	−3.19
江苏省	22 134	65.93	0.37	3.23
浙江省	10 698	31.87	0.50	4.15
合计	33 572	100	0.38	3.31

图 2-5 显示了 2008 年、2015 年、2018 年长三角两省一市从业人员数。图中显示，与 2008 年相比，2018 年江苏省和浙江省的从业人员数都有所增加，但涨幅均较小，其中浙江省的增长倍数最大，为 0.50 倍。

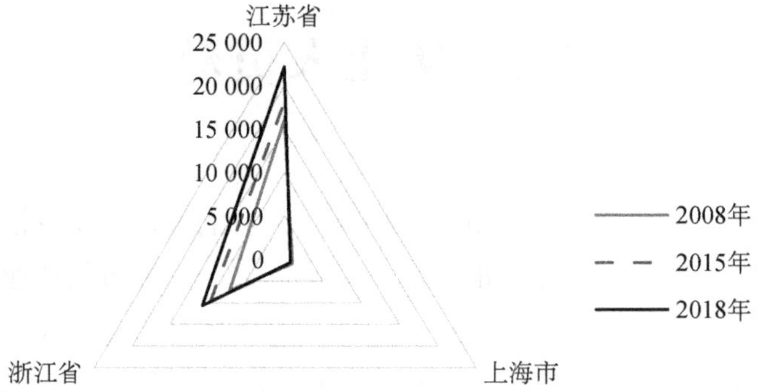

图 2-5　2008 年、2015 年、2018 年长三角两省一市从业人员数（单位：人）

2018 年，长三角两省一市平均从业人员数为 11 190.67 人。其中，江苏省的从业人员数明显高于平均水平，如图 2-6 所示。

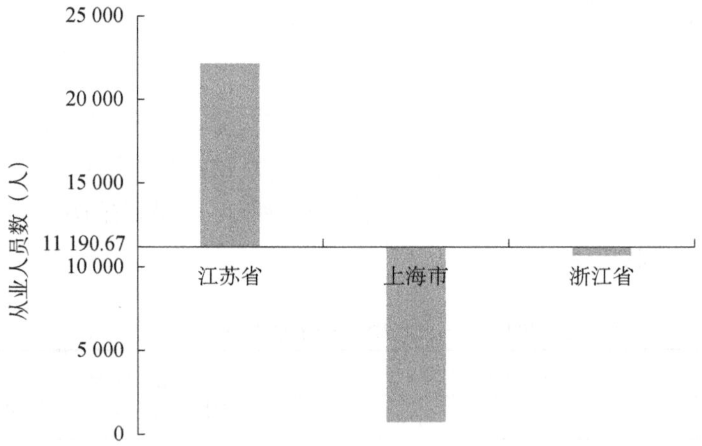

图 2-6　2018 年长三角两省一市从业人员数与平均值比较

由图 2-7 可见，江苏省和浙江省的每单位机构平均从业人员数均呈上升趋势，且江苏省与其他两个地区的差距不断拉大。另外，江苏省的每单位机构平均从业人员数自 2008 年起就维持在 100 人以上，2018 年超过 180 人，增长将近一倍。上海市的每单位机构平均从业人员数较为稳定，在 49 至 55 人之间小幅波动。

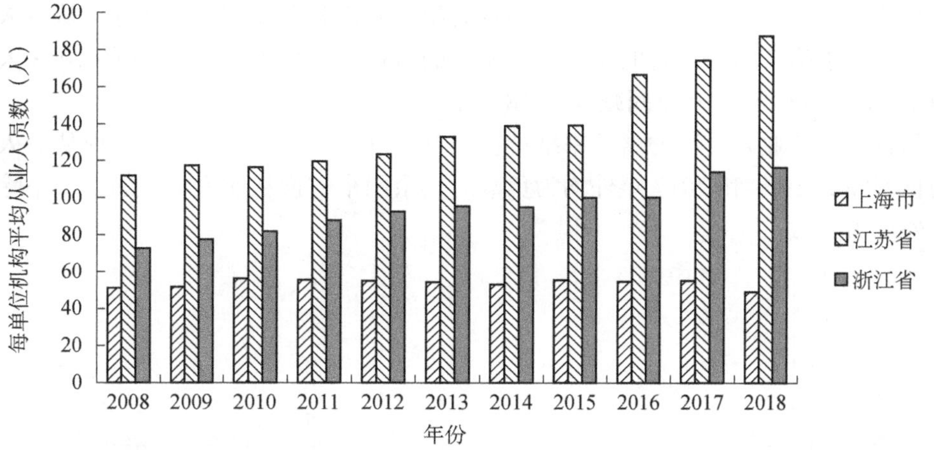

图 2-7　2008～2018 年长三角两省一市每单位机构平均从业人员数

2.2.2　从增速看发展

2008 年以来，除上海市外，江苏省和浙江省从业人员数总体上呈较为平缓上升趋势（图 2-8），两省一市总从业人员数由 24 248 人增加到 33 572 人。江苏省的从业人员数在 2016 年突破 20 000 人，浙江省的则在 2017 年突破 10 000 人。相反，上海市的从业人员数总体在下降，2008～2018 年年均增长率为−3.19%。

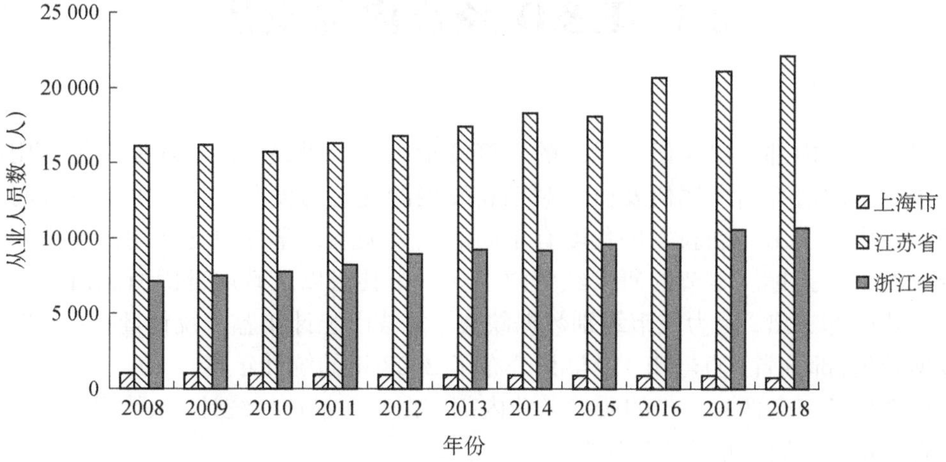

图 2-8　2008～2018 年长三角两省一市从业人员数

总体来看，江苏省的从业人员数一直远超上海市和浙江省，且江苏省从业人员数约为人数居于第二的浙江省的 2 倍。上海市的从业人员数则从 2008 年的 1023 人减少为 2018 年的 740 人，10 年间减少了 283 人。

两省一市从业人员数的增长率维持在−17%～15%（图 2-9）。上海市从业人员数的增长率除 2009 年和 2017 年外均为负数。其余两个省份从业人员数的增长率除个别年份外均为正数。

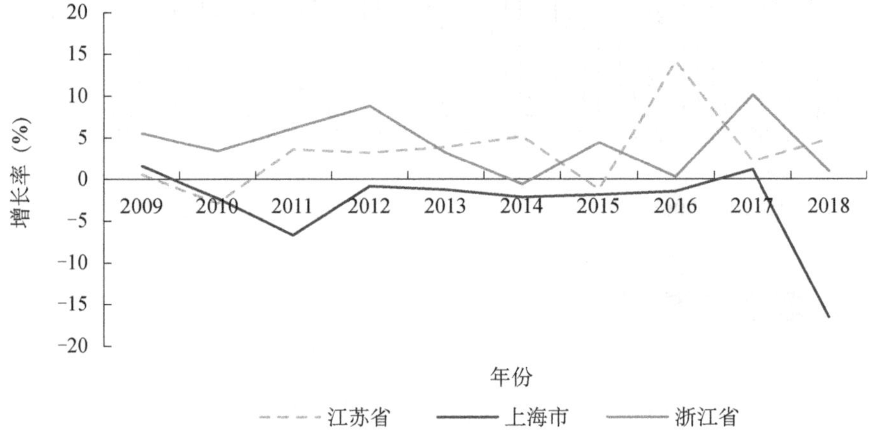

图 2-9　2009～2018 年长三角两省一市从业人员数增长率

2.3　R&D 经费内部支出

研发经费内部支出是研发投入的直接度量，是科研经费的实际使用量，用以衡量县级以上政府部门所属研发机构对创新发展的支持力度和重视程度。一般而言，研发经费内部支出与创新发展程度有正向的相关关系，学界也通常用研发投入来作为企业的创新指标。本节的研发经费内部支出指县级以上政府部门所属研发机构的研发经费内部支出，因为城市级别数据缺失（各城市统计年鉴未统计此指标）以及时间数据缺失[部分省（直辖市）最早只公布了 2008 年的统计年鉴]，为了具有可比性，本节仅选取长三角两省一市的研发经费内部支出来作描述性统计，该数据均来自长三角两省一市统计局公布的统计年鉴。

2.3.1 从数字看态势

2018 年，长三角两省一市研发经费内部支出共 152.31 亿元。其中，江苏省的科研经费内部支出为 95.48 亿元，占比为 62.69%；上海市的科研经费内部支出为 3.61 亿元，占比为 2.37%；浙江省的研发经费内部支出为 53.22 亿元，占比为 34.94%（表 2-3）。江苏省的研发经费内部支出远多于其他两个地区，占比达到将近 2/3，约为浙江省的 2 倍。

表 2-3 2018 年长三角两省一市研发经费内部支出及其增长

地区	2018 年研发经费内部支出		2018 年比 2008 年增长倍数（倍）	2008～2018 年年均增长率（%）
	数量（亿元）	占比（%）		
上海市	3.61	2.37	1.84	11.00
江苏省	95.48	62.69	0.88	6.53
浙江省	53.22	34.94	1.61	10.08
合计	152.31	100.00	1.10	7.73

图 2-10 显示了 2008 年、2015 年和 2018 年长三角两省一市研发经费内部支出。图中显示，2008～2018 年两省一市的研发经费内部支出总体均有所增加，其中除江苏省外，其余两地的年均增长率均超过 10%。浙江省的增长倍数为 1.61 倍，年均增长率为 10.08%；江苏省的增长倍数最小，为 0.88 倍，年均增长率为 6.53%。但总量上仍是江苏省居于第一位，浙江省次之。

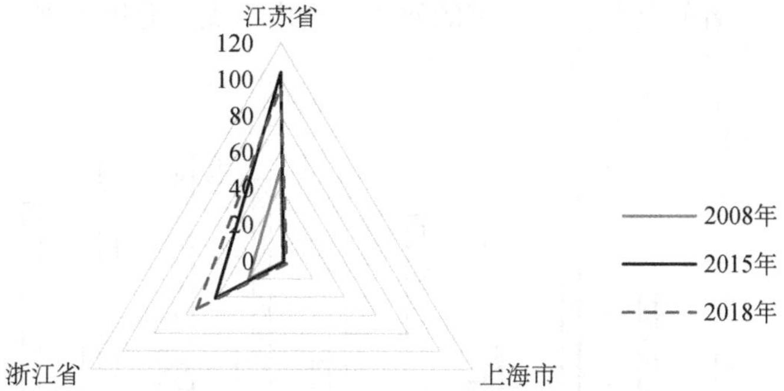

图 2-10 2008 年、2015 年、2018 年长三角两省一市研发经费内部支出（单位：亿元）

2018 年，长三角两省一市平均研发经费内部支出为 50.77 亿元。如图 2-11 所示，江苏省远高于平均水平，上海市则远低于平均水平。

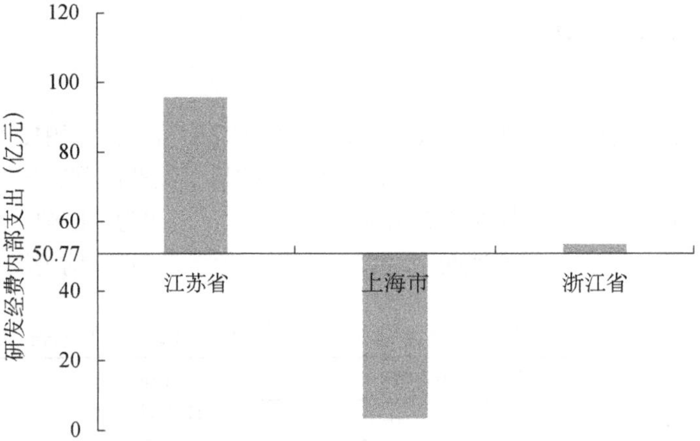

图 2-11　2018 年长三角两省一市研发经费内部支出与平均值比较

2.3.2　从增速看发展

2008 年以来，长三角两省一市研发经费内部支出总体上均呈上升趋势（图 2-12），长三角两省一市研发经费内部支出由 2008 年的 72.36 亿元上升到 2018 年的 152.31 亿元。其中，江苏省与浙江省的研发经费内部支出的差距先是扩大，然后在 2018 年迅速缩小，2016 年二者的差距最大，约为 81.24 亿元，2018 年二者的差距又回落到 42.26 亿元，约为 2011 年二者的差距。上海市的研发经费内部支出总体上则呈缓慢上升趋势。

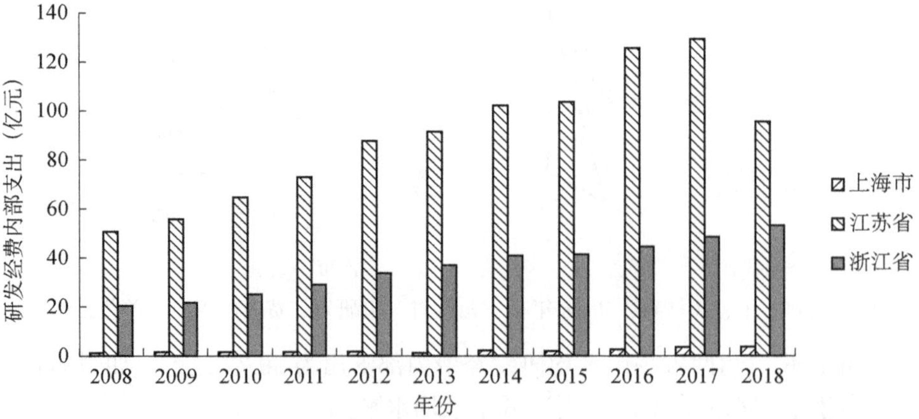

图 2-12　2008～2018 年长三角两省一市研发经费内部支出

图 2-13 显示，近年来，上海市的研发经费内部支出增长率的波动较大；江苏省的研发经费内部支出增长率在 2018 年为负；浙江省的研发经费内部支出增长率则一直较为稳定，处于 0%～20%。

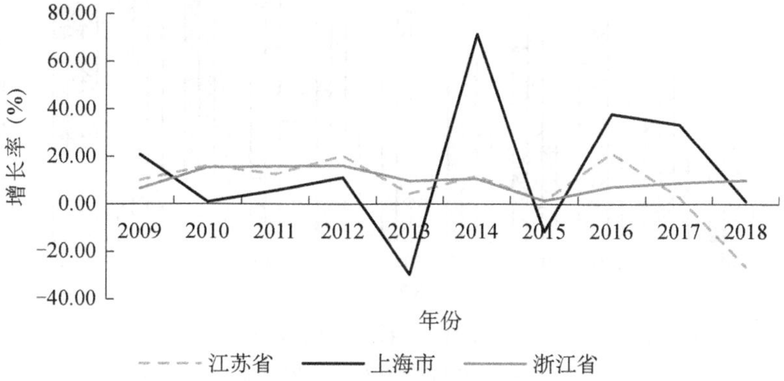

图 2-13　2009～2018 年长三角两省一市的研发经费内部支出增长率

2.3.3　从构成看特征

从图 2-14 可见，两省一市的县级以上政府部门所属研发机构的人均研发经费内部支出，总体上呈上升趋势。江苏省县级以上政府部门所属研发机构的人均研发经费内部支出从 2013 年起增速放缓，并于 2018 年有所回落，居第三位。自 2008 年以来，江苏省和浙江省县级以上政府部门所属研发机构的人均研发经费内部支出的差距逐渐扩大，但由于江苏省 2018 年科研经费陡然下降，浙江省县级以上政府部门所属研发机构的人均研发经费内部支出在该年首次反超江苏省。上海市的县级以上政府部门所属研发机构的人均研发经费内部支出总体上不断上升，自 2016 年起增速加快，于 2018 年超过江苏省，与浙江省持平。

以县级以上政府部门所属研发机构为单位来看，长三角两省一市的每单位机构的研发经费内部支出总体上呈上升趋势（图 2-15）。江苏省的每单位机构的研发经费内部支出还是遥遥领先，浙江省次之，且浙江省 2018 年的每单位机构的研发经费内部支出还未达到江苏省 2012 年的水平。

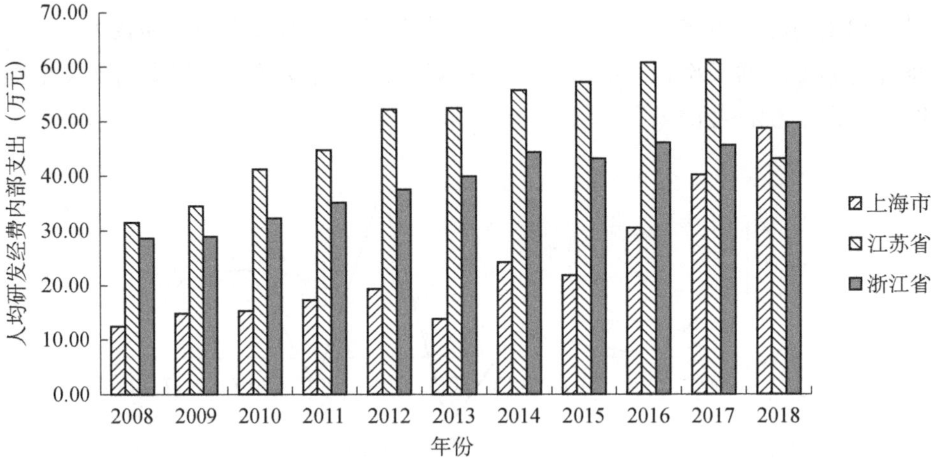

图 2-14　2008～2018 年长三角两省一市县级以上政府部门所属研发机构的人均研发经费内部支出

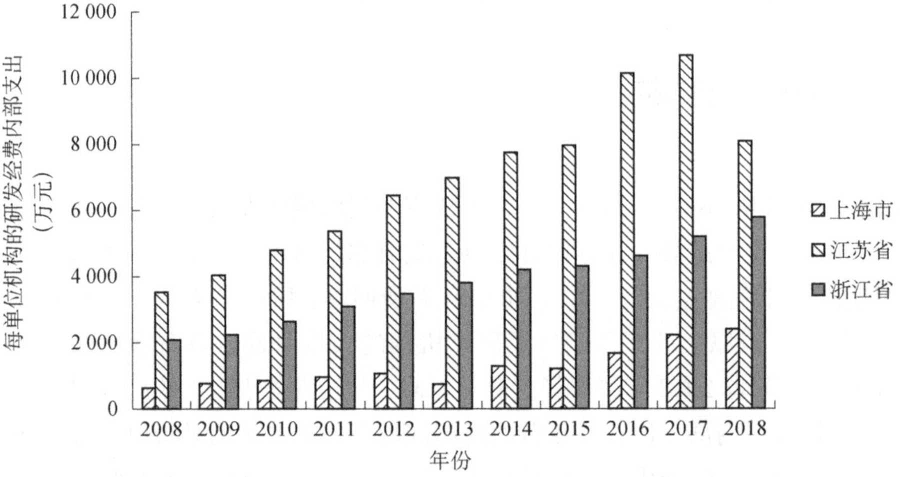

图 2-15　2008～2018 年长三角两省一市每单位机构的研发经费内部支出

2.4　科技经费筹集额

科技经费筹集额是衡量政府对科研创新的支持力度和重视程度的指标。本节的科技经费筹集额指县级以上政府部门所属研发机构的科技经费筹集额。因为城市级别数据缺失（各城市统计年鉴未统计此指标）以及时间数据缺失[部分省（直辖市）最早只公布了 2008 年的统计年鉴]，为了具有可比性，本节仅选取浙江省和江苏省的科技经费筹集额来作描述性统计，该数据均来自两省统计局公布的统计年鉴。

2.4.1 从数字看态势

2018 年长三角的江苏省和浙江省的科技经费筹集额约为 164.40 亿元。其中，江苏省的科技经费筹集额为 105.03 亿元，占比为 63.89%；浙江省的科技经费筹集额为 59.37 亿元，占比为 36.11%，如表 2-4 所示。

表 2-4 2018 年江苏省、浙江省的科技经费筹集额

地区	2018 年科技经费筹集额		2018 年比 2008 年增长倍数（倍）	2008～2018 年年均增长率（%）
	数量（亿元）	占比（%）		
江苏省	105.03	63.89	0.94	6.85
浙江省	59.37	36.11	1.40	9.13
合计	164.40	100.00	1.08	7.61

2018 年，江苏省和浙江省科研经费筹集额平均约为 82.20 亿元，如图 2-16 所示。

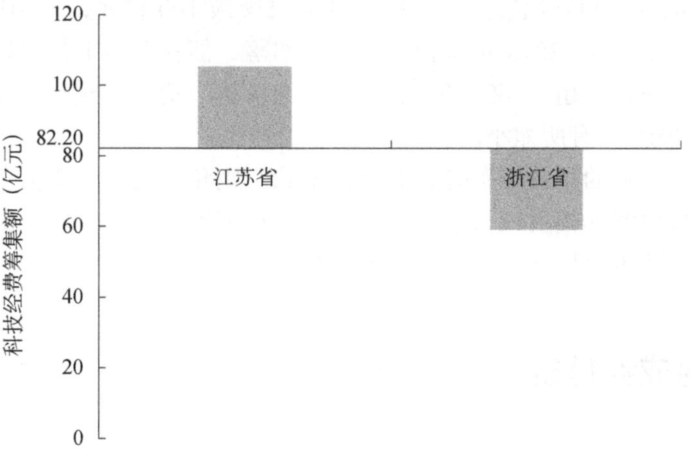

图 2-16 2018 年江苏省、浙江省的科技经费筹集额与平均值比较

2.4.2 从增速看发展

2008 年以来，江苏省和浙江省的科技经费筹集额总体上呈增长态势（图 2-17），两者总的科技经费筹集额从 2008 年的 78.92 亿元增长到 2018 年的 164.40 亿元，年均增长率约为 7.61%，增长倍数约为 1.08 倍。

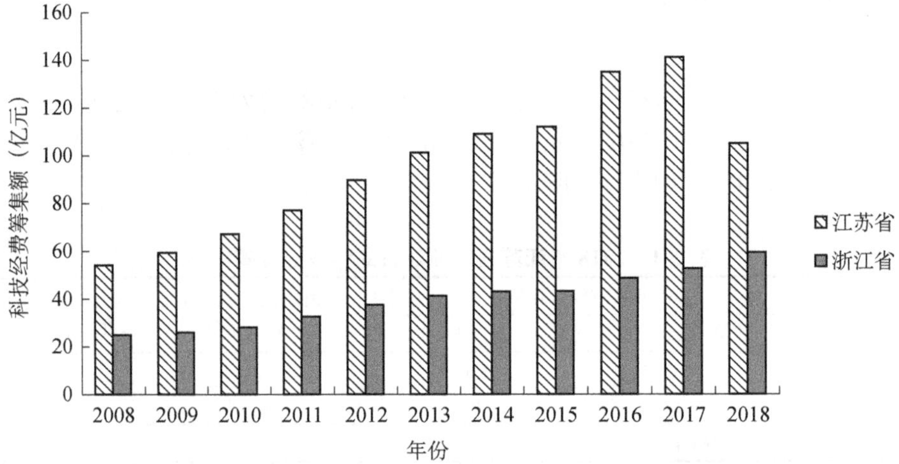

图 2-17　2008～2018 年江苏省、浙江省科技经费筹集额

其中，江苏省的科技经费筹集额从 2013 起已突破 100 亿元，于 2017 年达到最高，为 141.11 亿元，然后在 2018 年有较为明显的回落，但在总量上依旧领先。浙江省的科技经费筹集额一直未超过 60 亿元。江苏省的科技经费筹集额与浙江省的差距呈扩大趋势，但在 2018 年有所缩小。

江苏省和浙江省的科技经费筹集额增长率除个别年份外均为正值，浙江省的科技经费筹集额增长率波动幅度较为平缓。多数年份江苏省的增长率高于浙江省，但两地区的增长率在少数年份呈现轮替现象（图 2-18）。

2.4.3 从构成看特征

从人均的角度来看江苏省和浙江省的科技经费筹集额状况，二者的差距先逐渐增大，再变小，且浙江省在 2018 年再次反超江苏省（图 2-19）。2016～2018 年，江苏省与浙江省的人均科技经费筹集额均超过 45 亿元。

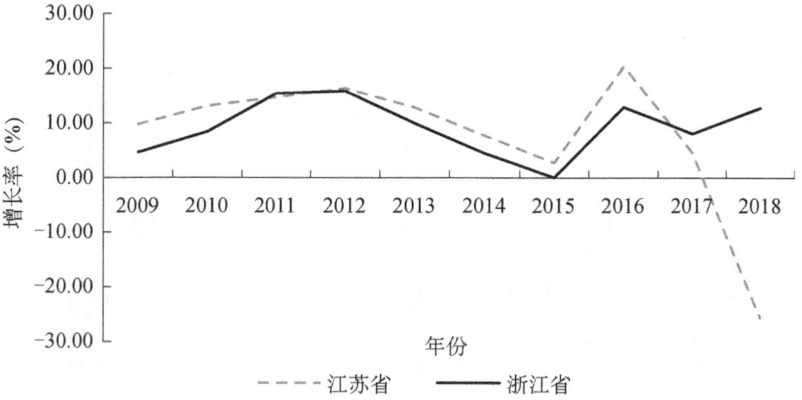

图 2-18　2009～2018 年江苏省、浙江省的科技经费筹集额增长率

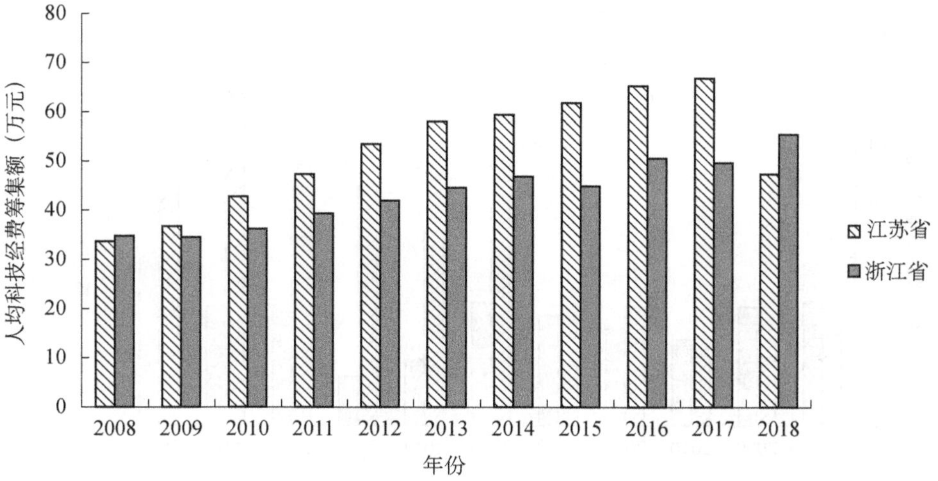

图 2-19　2008～2018 年江苏省、浙江省的人均科技经费筹集额

从每单位机构角度来看（图 2-20），江苏省的每单位机构科技经费筹集额一直领先，与浙江省的差额呈倒 U 形变化，但差距在 2018 年明显缩小。总体上看，除 2018 年外，两者的每单位机构科技经费筹集额逐年上升。

将每年科技经费筹集额减去每年科技经费支出额定义为每年科技经费盈余。图 2-21 显示，在 2012 年及之前，浙江省的每年科技经费盈余除 2011 年外均大于江苏省的每年科技经费盈余，而从 2013 年开始，江苏省的每年科技经费盈余显著大于浙江省，且数额上下波动明显，但均超过 6.5 亿元。

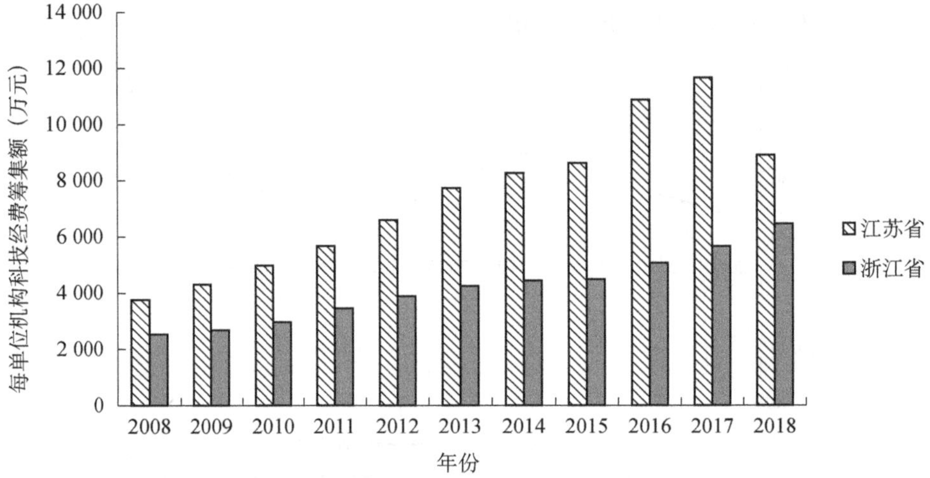

图 2-20　2008～2018 年江苏省、浙江省的每单位机构科技经费筹集额

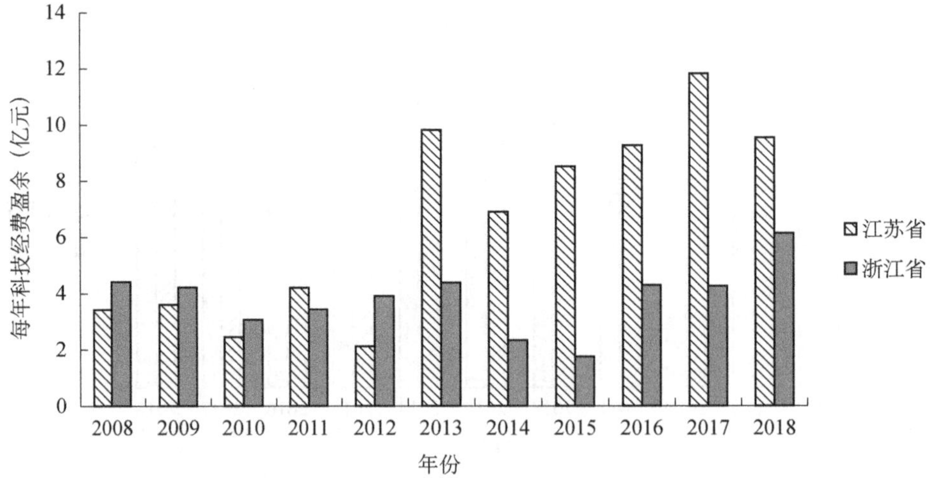

图 2-21　2008～2018 年江苏省、浙江省的每年科技经费盈余

从占比的角度分析（图 2-22），可以发现，浙江省的每年科技经费盈余占科技经费筹集额比重（简称科研经费盈余占比）一直较大，但有所下降，后有所回升，大多处于 10%的水平。江苏省的科研经费盈余占比一直小于 10%，近年来有所回升，从 2008 年的 6.3%上升到 2018 年的 9.1%。

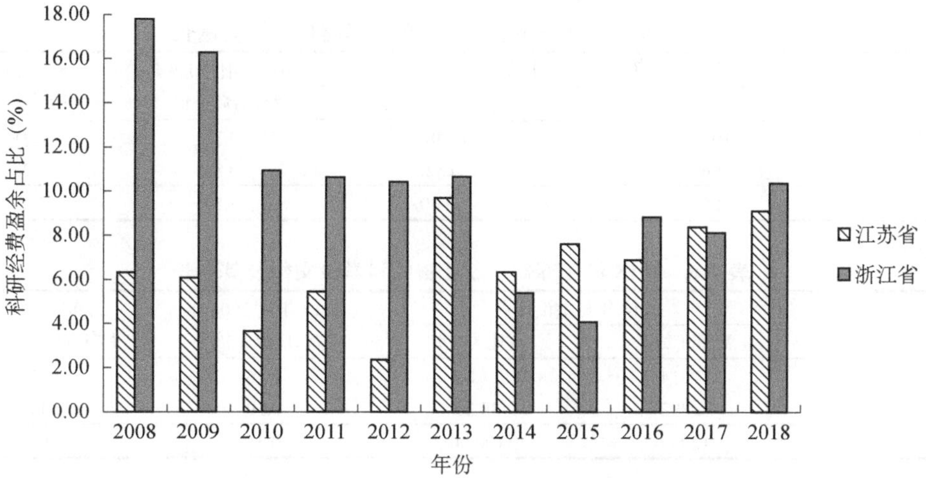

图 2-22 2008～2018 年江苏省、浙江省的科研经费盈余占比

2.5 R&D 成果

R&D 成果是较为直接且可获得地衡量政府研发机构的创新成果的指标。本节将从某一地区所发表的科学著作数和科学论文数作为某地政府所属研发机构的 R&D 成果的衡量标准。除了城市级别数据和 2008 年以前的数据缺失外，上海市也缺少这两个指标数据，所以下文仅分析江苏省和浙江省的研发成果情况。本节数据均来自两省统计局公布的统计年鉴。

2.5.1 从数字看态势

2018 年，江苏省和浙江省共发表科学著作 388 种，科学论文 12 806 篇。其中，江苏省的科学著作数为 192 种，占比为 49.48%，科学论文数共 7914 篇，占比为 61.80%；浙江省的科学著作数为 196 种，略微多于江苏，占比为 50.52%，科学论文数共 4892 篇，占比为 38.20%，如表 2-5、表 2-6 所示。

表 2-5　2018 年江苏省、浙江省的科学著作数及其增长

地区	2018 年科学著作数		2018 年比 2008 年增长倍数（倍）	2008～2018 年年均增长率（%）
	数量（种）	占比（%）		
江苏省	192	49.48	0.31	2.71
浙江省	196	50.52	0.83	6.24
合计	388	100.00	0.53	4.33

表 2-6　2018 年江苏省、浙江省的科学论文数及其增长

地区	2018 年科学论文数		2018 年比 2008 年增长倍数（倍）	2008～2018 年年均增长率（%）
	数量（篇）	占比（%）		
江苏省	7 914	61.80	0.26	2.37
浙江省	4 892	38.20	0.50	4.11
合计	12 806	100.00	0.34	3.00

2018 年，江苏省、浙江省平均发表科学著作 194 种（图 2-23），平均发表科学论文 6403 篇（图 2-24）。

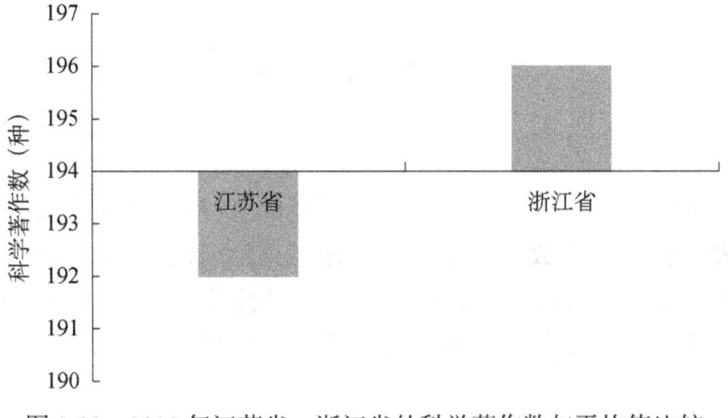

图 2-23　2018 年江苏省、浙江省的科学著作数与平均值比较

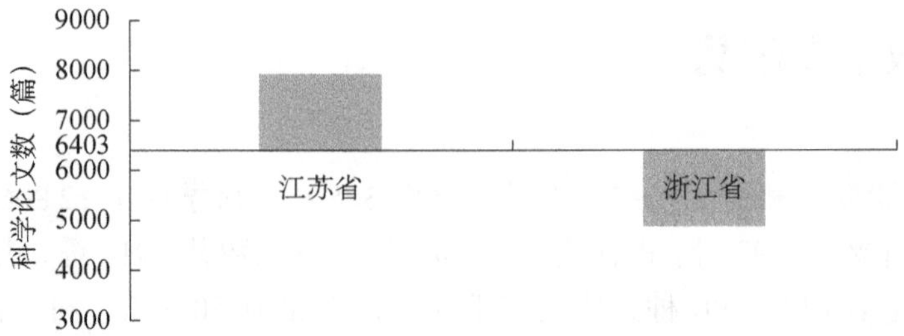

图 2-24　2018 年江苏省、浙江省的科学论文数与平均值比较

2.5.2 从增速看发展

图 2-25、图 2-26 显示，2008 年以来，江苏省和浙江省的科学著作数和科学论文数整体上略微上升。其中，江苏省发表的科学著作数除 2009 年超出 200 种外，其余年份大多落在（150，200）区间，数量随时间上下波动。江苏省的科学论文数则是在进入 2012 年后开始上下小幅度波动。浙江省的科学著作数总体上升但有上下波动趋势，其科学论文数则是缓慢上升。

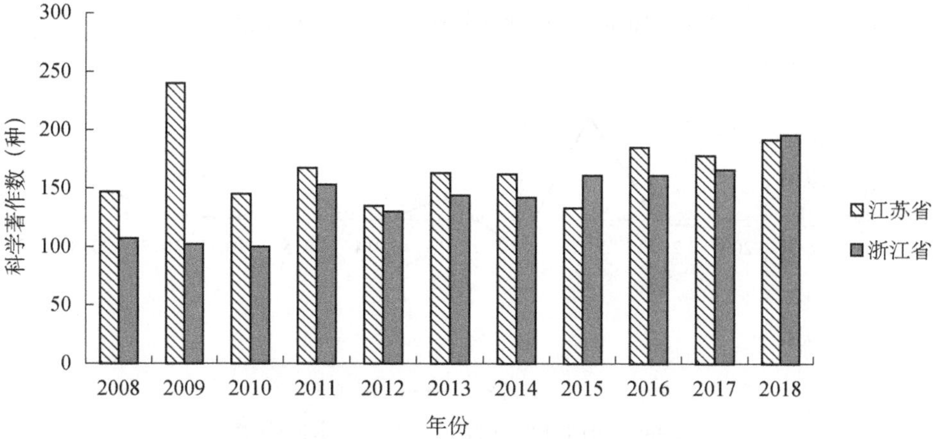

图 2-25　2008～2018 年江苏省、浙江省的科学著作数

江苏省和浙江省在科学著作数上的差距逐年缩小，浙江省在 2015 年和 2018 年反超江苏省。二者在科学论文篇数中的差距则是先扩大后缩小，江苏省在 2008 年的科学论文数领先浙江省 2989 篇，二者差距在 2014 年达到最大，为 4226 篇，在 2018 年又回落至 3022 篇。

从增长率上看，两省的科学著作数增长率和科学论文数增长率在不同年份间存在轮替与变迁（图 2-27、图 2-28）。

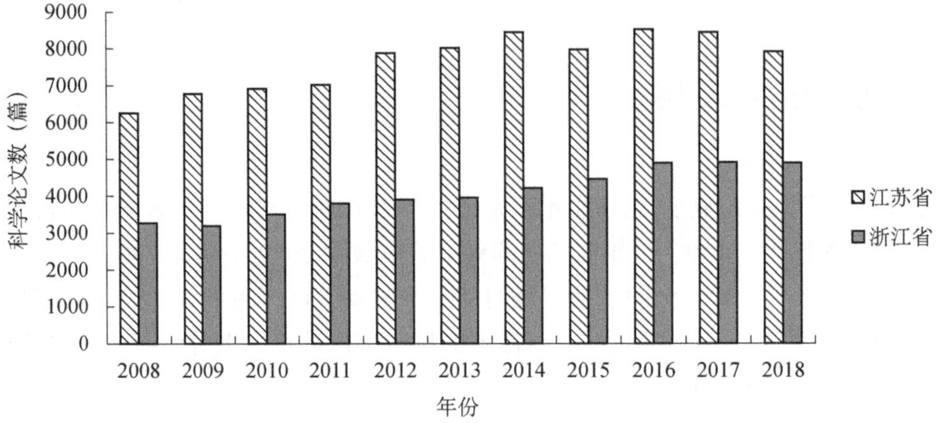

图 2-26　2008～2018 年江苏省、浙江省的科学论文数

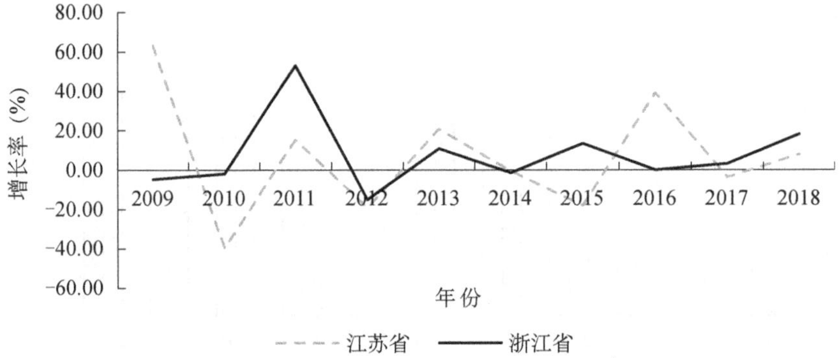

图 2-27　2009～2018 年江苏省、浙江省的科学著作数增长率

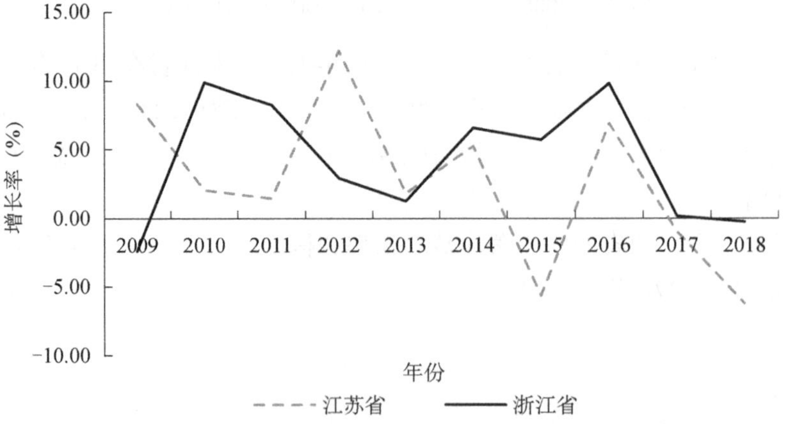

图 2-28　2009～2018 年江苏省、浙江省的科学论文数增长率

3 规模以上工业企业

3.1 有 R&D 活动的规模以上工业企业数

R&D 活动是反映城市企业所作创新努力的重要指标，通过比较省份或城市拥有 R&D 活动的规模以上工业企业数，可以在一定程度上反映省份或城市所拥有的创新型企业或者有创新举措的企业，从而反映一个省份或城市的创新水平。本节所有数据均来源于国家统计局和各省市统计年鉴，本章后面小节同。因受到部分城市数据缺失的限制，本节仅选取长三角核心区 16 个城市中的 12 个城市作为数据分析的范围，本章其余各节同。

3.1.1 从数字看态势

2018 年，长三角两省一市有 R&D 活动的规模以上工业企业数合计 38 348 家。其中，上海市有 R&D 活动的规模以上工业企业数为 2174 家，占比为 5.67%；江苏省为 19 669 家，占比为 51.29%，超过了半数；浙江省为 16 505 家，占比为 43.04%，如表 3-1 所示。在长三角两省一市中，江苏省有 R&D 活动的规模以上工业企业数列第一位。

表 3-1　2018 年长三角核心区部分城市有 R&D 活动的规模以上工业企业数及其增长

地区	2018 年有 R&D 活动的规模以上工业企业数		2018 年比 2011 年增长倍数（倍）	2011～2018 年年均增长率（%）
	数量（家）	占比（%）		
上海市	2 174	5.67	0.47	5.65
南京市	1 161	3.03	2.00	16.99
无锡市	2 647	6.90	—	—
苏州市	4 501	11.74	—	—
杭州市	1 784	4.65	0.07	1.02
宁波市	3 612	9.42	—	—
嘉兴市	1 859	4.85	0.43	5.22
台州市	1 450	3.78	0.12	1.63
江苏省	19 669	51.29	1.55	14.31
浙江省	16 505	43.04	0.40	4.92
两省一市合计	38 348	100.00	0.83	9.00

注：无锡市、苏州市和宁波市 2011 年有 R&D 活动的规模以上工业企业数缺失；部分核心区城市 2018 年有 R&D 活动的规模以上工业企业数缺失，该表未列出。

表 3-1 显示了 2011 年、2015 年和 2017 年长三角核心区部分城市（长三角核心区城市中只有上海市、南京市、无锡市、苏州市、杭州市、宁波市、嘉兴市、台州市有更新至 2018 年的数据，因此该表仅纳入以上 8 个城市）有 R&D 活动的规模以上工业企业数及其增长。2018 年，苏州市、宁波市和无锡市分别位居有 R&D 活动的规模以上工业企业数前三，上海市排名第四，南京市、台州市有 R&D 活动的规模以上工业企业数较少。

图 3-1 显示了 2011 年、2015 年和 2017 年长三角核心区部分城市（上海市、南京市、常州市、扬州市、杭州市、嘉兴市、台州市）有 R&D 活动的规模以上工业企业数，再次印证了长三角核心区近几年企业创新研发活动总体上均在增加的事实。各核心区城市（除台州市外）的创新发展均呈现稳步上升态势，其中南京市增速显著，杭州市基本持平。但从总体基数来看，2017 年上海市和杭州市有 R&D 活动的规模以上工业企业数稳居前两位，遥遥领先于其他城市。

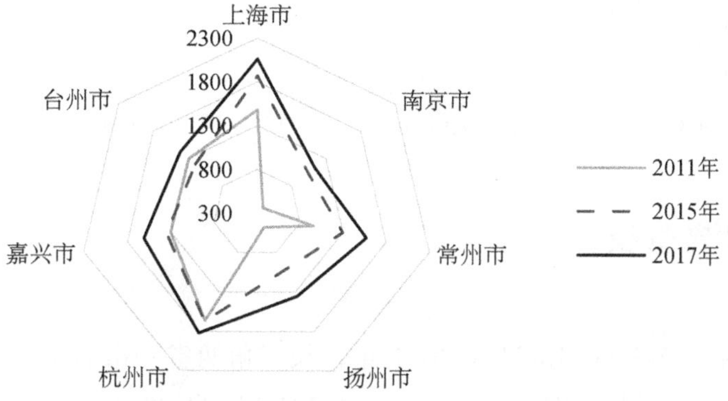

图 3-1　2011 年、2015 年和 2017 年长三角核心区部分城市有 R&D 活动的规模以上工业企业数（单位：家）

2017 年，长三角核心区中的 12 个城市（其余 4 个城市数据缺失未列出）有 R&D 活动的规模以上工业企业数平均为 2009 家，如图 3-2 所示。尽管平均值较高，各城市有 R&D 活动的规模以上工业企业数差距较大，苏州市以 4422 家稳居第一，远远领先于最后的舟山市（仅 146 家）。其中，上海市，江苏省的无锡市、苏州市、南通市和浙江省的宁波市共 5 个城市有 R&D 活动的规模以上工业企业数高于平均水平，其余 7 个城市低于平均水平。2017 年高于平均水平的 5 个城市有 R&D 活动的规模以上工业企业数占这 12 个城市总数的 62.47%。江苏省省会南京市有 R&D 活动的规模以上工业企业数近年来虽然呈现高速增长态势，但 2017 年仍只有 1137 家，远低于平均值。

浙江省省会杭州市有 R&D 活动的规模以上工业企业数在 2017 年略低于平均值，说明杭州市相较于长三角核心区整体水平处于劣势。

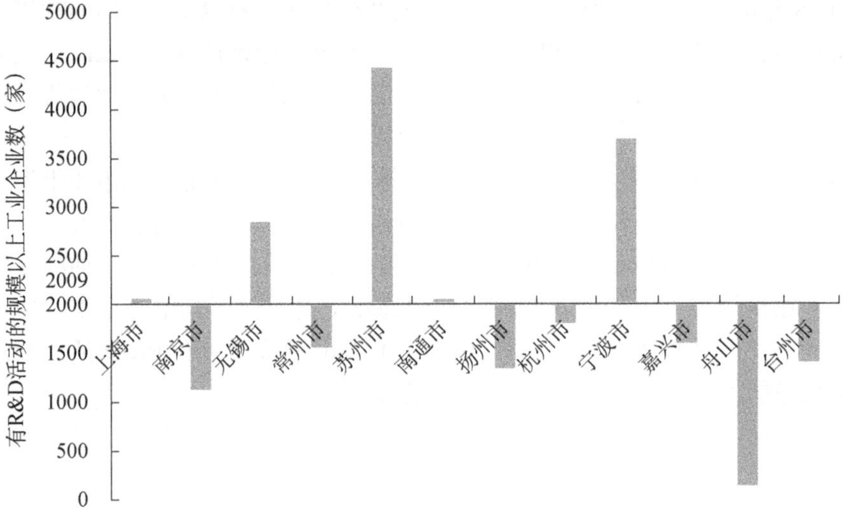

图 3-2　2017 年长三角核心区部分城市有 R&D 活动的规模以上工业企业数与平均值比较

3.1.2　从增速看发展

由表 3-1 和图 3-3 可知，进入 2011 年，长三角两省一市有 R&D 活动的规模以上工业企业数总体上保持增长势头，总额由 2011 年的 20 983 家增长到 2018 年的 38 348 家，增长了 0.83 倍，年均增长率为 9.00%，且并没有城市降低有 R&D 活动的规模以上工业企业的规模。其中，上海市和浙江省分别增加了 0.47 倍和 0.40 倍，年均增长率分别为 5.65%和 4.92%，低于同期长三角两省一市总体有 R&D 活动的规模以上工业企业数的年均增长率；江苏省增加了 1.55 倍，年均增长率为 14.31%，高于同期长三角两省一市总体有 R&D 活动的规模以上工业企业数的年均增长率。江苏省的增长势头更为显著。

可以发现，2011～2018 年江苏省和浙江省有 R&D 活动的规模以上工业企业数的年均增长率存在巨大的差距，尽管这两省 2018 年有 R&D 活动的规模以上工业企业数相差不大，但数据表明，过去几年江苏省大力促进企业进行研发活动，而浙江省则呈现出停滞不前的态势。这一点也可以从两省的省会城市南京市和杭州市看出，南京市有 R&D 活动的规模以上工业企业数年均增长率为 16.99%，远远高于平均水平，而杭州市有 R&D 活动的规模以上工业企业数年均增长率为 1.02%，远低于平均水平。浙江省有 R&D 活动的规模以上工业企业数的年均增长率仅为 4.92%，低于年均增长率同样较低的上海市。

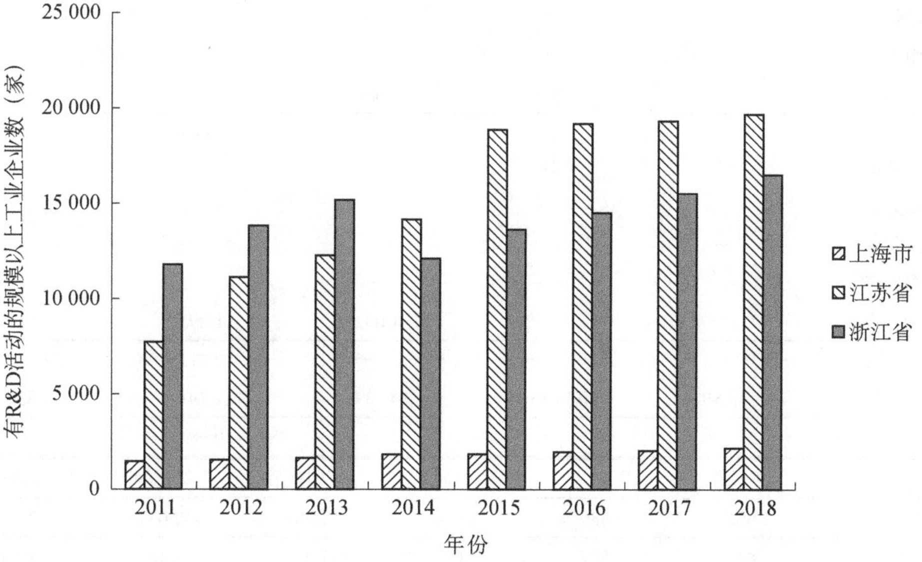

图 3-3 2011～2018 年长三角两省一市有 R&D 活动的规模以上工业企业数

3.1.3 从构成看特征

不论是两省一市之间还是城市之间，长三角有 R&D 活动的规模以上工业企业数都存在较大的差异，单纯地从总量或者平均值衡量长三角的创新并不能全面地反映各地区的实际情况。表 3-2 展示了 2008～2018 年长三角核心区部分城市（共 13 个城市有该项数据）有 R&D 活动的规模以上工业企业数，这些城市有 R&D 活动的规模以上工业企业数都有不同幅度的增长。

表 3-2　2008～2018 年长三角核心区部分城市有 R&D 活动的规模以上工业企业数（单位：家）

地区	2008 年	2009 年	2010 年	2011 年	2012 年
上海市	—	—	1 193	1 480	1 562
南京市	—	388	349	387	833
无锡市	—	—	—	—	—
常州市	—	—	1 631	956	1 143
苏州市	—	—	—	—	—
南通市	—	—	—	—	—
扬州市	—	—	656	482	804
杭州市	—	—	1 541	1 662	1 229
宁波市	—	—	—	—	—
嘉兴市	—	—	1 184	1 302	1 056
湖州市	—	—	—	—	—
舟山市	—	—	—	82	86
台州市	—	—	1 092	1 295	910
江苏省	—	—	—	7 712	11 133
浙江省	12 897	13 883	14 537	11 791	13 830
两省一市合计	—	—	—	20 983	26 525

地区	2013 年	2014 年	2015 年	2016 年	2017 年	2018 年
上海市	1 661	1 839	1 866	1 982	2 057	2 174
南京市	837	897	1 040	1 063	1 137	1 161
无锡市	—	—	2 332	2 582	2 840	2 647
常州市	1 294	1 306	1 296	1 463	1 570	—
苏州市	—	2 942	3 103	4 366	4 422	4 501
南通市	—	—	1 902	2 190	2 051	—
扬州市	756	790	1 024	1 162	1 354	—
杭州市	1 453	1 518	1 671	1 753	1 819	1 784
宁波市	—	3 322	3 592	3 544	3 693	3 612
嘉兴市	1 160	1 228	1 348	1 412	1 609	1 859
湖州市	546	659	790	885	—	—
舟山市	89	119	114	151	146	—
台州市	1 023	1 142	1 197	1 395	1 415	1 450
江苏省	12 283	14 150	18 872	19 186	19 323	19 669
浙江省	15 179	12 113	13 634	14 493	15 517	16 505
两省一市合计	29 123	28 102	34 372	35 661	36 897	38 348

表 3-3 列出了 2008～2018 年长三角两省一市合计有 R&D 活动的规模以上工业企业数占全国比重。2011～2018 年该比重表现出下降的总体趋势，直至 2018 年达到 36.58%，表现出长三角两省一市在发展研发机构方面领先全国，但近年来全国有 R&D 活动的规模以上工业企业数总体发展水平提升速度快于长三角两省一市。

表 3-3 2008～2018 年长三角两省一市合计有 R&D 活动的规模以上工业企业数占全国比重

年份	长三角两省一市合计（家）	全国（家）	占全国比重（%）
2008	—	27 278	—
2009	—	36 387	—
2010	—	—	—
2011	20 983	37 467	56.00
2012	26 525	47 204	56.19
2013	29 123	54 832	53.11
2014	28 102	63 676	44.13
2015	34 372	73 570	46.72
2016	35 661	86 891	41.04
2017	36 897	102 218	36.10
2018	38 348	104 820	36.58

3.2 规模以上工业企业办研发机构数

企业办研发（科技）机构指企业自办或与外单位合办，管理上同生产系统相对独立的专门科技研发活动机构，主要任务是从事科技活动。企业办研发机构是具有自主研发能力的技术创新组织，是企业技术创新的基础平台，是全面提高自主创新能力的中坚力量。

3.2.1 从数字看态势

表 3-4 显示了 2018 年长三角核心区部分城市规模以上工业企业办研发机构数及

其增长。2018 年，长三角两省一市规模以上工业企业办研发机构合计 33 238 家。其中，上海市规模以上工业企业办研发机构数为 628 家，占比仅为 1.89%；江苏省占比超过长三角两省一市的半数，共有 22 469 家，占比为 67.60%；浙江省为 10 141 家，占比为 30.51%。江苏省规模以上工业企业办研发机构数处于第一位，高于浙江省和上海市。截至 2018 年，规模以上工业企业办研发机构数排名前三的城市分别是苏州市、无锡市、宁波市，上海市和台州市规模以上工业企业办研发机构数最少。

表 3-4　2018 年长三角核心区部分城市规模以上工业企业办研发机构数及其增长

地区	2018 年规模以上工业企业办研发机构数		2018 年比 2011 年增长倍数（倍）	2011～2018 年年均增长率（%）
	数量（家）	占比（%）		
上海市	628	1.89	−0.29	−4.77
南京市	1 478	4.45	1.61	14.67
无锡市	2 975	8.95	—	—
苏州市	4 786	14.40	—	—
杭州市	1 384	4.16	0.13	1.75
宁波市	2 637	7.93	—	—
嘉兴市	1 471	4.43	0.69	7.76
绍兴市	737	2.22	—	—
台州市	628	1.89	—	—
江苏省	22 469	67.60	1.30	12.62
浙江省	10 141	30.51	0.50	5.92
两省一市合计	33 238	100.00	0.91	9.65

注：无锡市、苏州市、宁波市、绍兴市、台州市 2011 年规模以上工业企业办研发机构数缺失；部分核心区城市 2018 年规模以上工业企业办研发机构数缺失，该表未列出。

长三角核心区在 2011～2018 年的 7 年内，规模以上工业企业办研发机构数总体呈现上升趋势，除上海市出现了负增长外，2018 年其余各城市规模以上工业企业办研发机构数相比 2011 年都呈现出了不同程度的增长。不同于上一节所分析的有 R&D 活动的规模以上工业企业数，在规模以上工业企业办研发机构数这一项指标的表现上，2011～2018 年江苏省的年均增长率高达 12.62%，而浙江省仅为 5.92%。上海市自 2014 年来，在创新领域做出诸多努力，但降低了对企业办研发机构的重视程度，所办规模以上工业企业办研发机构数逐渐回落。

江苏省多年来大力发展创新，规模以上工业企业办研发机构数高速上升，其省会城市南京市的规模以上工业企业办研发机构数 2011～2018 年年均增长率甚至高达

14.67%，尽管直至2018年南京市的规模以上工业企业办研发机构数（1478家）并不算最高，但其增长势头迅猛，有望在未来领先长三角核心区其他城市。2011～2018年，浙江省的省会杭州市规模以上工业企业办研发机构数增长缓慢，年均增长率仅为1.75%，落后于平均水平，且杭州市2018年规模以上工业企业办研发机构数（1384家）已经被南京市超越。

图3-4显示了2011年、2015年和2017年长三角核心区部分城市（上海市、南京市、常州市、扬州市、杭州市、嘉兴市、舟山市）的规模以上工业企业办研发机构数。

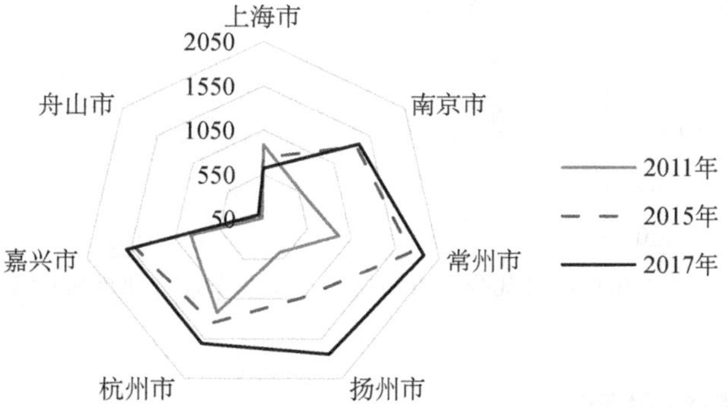

图3-4 2011年、2015年和2017年长三角核心区部分城市的规模以上工业企业办研发机构数（单位：家）

不同于3.1节有R&D活动的规模以上工业企业数所呈现出的各市总体上升的趋势，规模以上工业企业办研发机构数在2011～2017年发展较不均衡。上海市规模以上工业企业办研发机构数不升反降；其余各市虽都有上升，但发展速度大有不同。其中表现最为突出的是江苏省扬州市，其规模以上工业企业办研发机构数从2011年的467家增长为2017年的1742家，增长了约3倍，后来居上，这也反映了长三角核心区2011～2017年在企业创新研发上所做出的不断努力。

2017年，长三角核心区中的12个城市（其余4个城市数据缺失未列出）规模以上工业企业办研发机构数平均值为1698家，如图3-5所示。苏州市以4421家稳居第一位，远超平均值，也远远领先于其他城市，而舟山市仅有119家，排名靠后。其中，无锡市、常州市、苏州市、扬州市、宁波市规模以上工业企业办研发机构数高于平均水平，其余7个城市低于平均水平。2017年，高于平均水平的5个城市的规模以上工业企业办研发机构数占这12个核心城市总数的65.19%，进一步说明了在规模以上工业企业办研发机构数这一创新评估项上各城市发展悬殊，差距较大。上海市规模以上工业企业办研发机构数 2017 年缩减至低于平均水平，江苏省在规模以上工业企业办研发机构数的表现上总体而言比浙江省更好。杭州市规模以上工业企业办研发机构数于 2017 年首次低于平均值，说明其在该创新指标的发展速度低于长三角核心区整体水平。

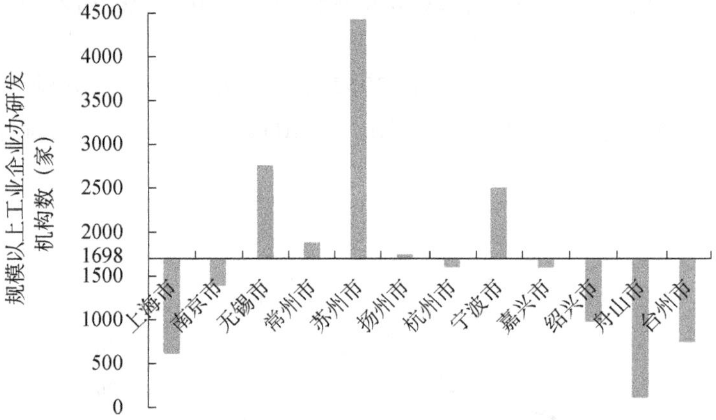

图 3-5　2017 年长三角核心区部分城市规模以上工业企业办研发机构数与平均值比较

3.2.2　从增速看发展

图 3-6 展示了 2008～2018 年长三角两省一市规模以上工业企业办研发机构数变化。其中，江苏省和浙江省规模以上工业企业办研发机构数总体上都呈现上升趋势，在 2016～2018 年略有波动。2012～2018 年，两省一市规模以上工业企业办研发机构数从 25 205 家增长到 33 238 家，增长了 0.32 倍，年均增长率为 4.72%。同期江苏省和浙江省年均增长率高于该平均值，分别为 5.25%和 5.16%。上海市规模以上工业企业办研发机构数在 2008～2013 年总体呈上涨趋势，到 2013 年达到峰值，为 1404 家；但 2014 年以来，上海市规模以上工业企业办研发机构数开始走低，到 2018 年仅有 628 家，2008～2018 年呈现出负的年均增长态势，年均增长率为−1.33%。

3.2.3　从构成看特征

为了完整地展现本报告所搜集和分析的 2008～2018 年长三角核心区部分城市规

模以上工业企业办研发机构数的详细情况（共 13 个城市有该项数据），表 3-5 列出了这些城市的数据。

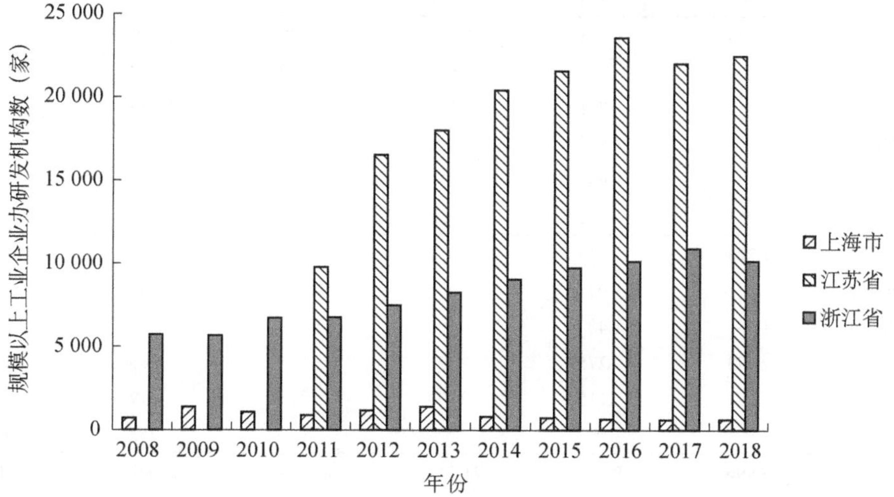

图 3-6　2008～2018 年长三角两省一市规模以上工业企业办研发机构数

表 3-5　2008～2018 年长三角核心区部分城市规模以上工业企业办研发机构数（单位：家）

地区	2008 年	2009 年	2010 年	2011 年	2012 年
上海市	718	1 397	1 085	884	1 179
南京市	—	389	404	567	1 124
无锡市	—	—	—	—	—
常州市	—	—	646	907	1 364
苏州市	—	—	—	—	—
南通市	—	—	—	—	—
扬州市	—	—	345	467	920
杭州市	—	—	1 143	1 226	1 197
宁波市	—	—	—	—	—
嘉兴市	—	—	682	872	816
绍兴市	—	—	—	—	736
舟山市	—	—	—	65	58
台州市	—	—	—	—	—
江苏省	—	—	—	9 778	16 528
浙江省	5 748	5 694	6 745	6 781	7 498
两省一市合计	—	—	—	17443	25 205

续表

地区	2013 年	2014 年	2015 年	2016 年	2017 年	2018 年
上海市	1 404	818	738	666	621	628
南京市	1 173	1 205	1 361	1 447	1 399	1 478
无锡市	—	—	2 865	2 869	2 749	2 975
常州市	1 552	1 701	1 730	1 790	1 876	—
苏州市	—	3 815	3 795	4 646	4 421	4 786
南通市	—	1 999	2 237	2 196	—	—
扬州市	1 061	1 072	1 039	1 321	1 742	—
杭州市	1 273	1 346	1 354	1 410	1 611	1 384
宁波市	—	1 947	2 089	2 099	2 495	2 637
嘉兴市	1 081	1 409	1 506	1 546	1 603	1 471
绍兴市	773	775	751	991	986	737
舟山市	71	115	109	125	119	—
台州市	—	—	—	—	753	628
江苏省	17 996	20 411	21 542	23 564	22 007	22 469
浙江省	8 278	9 049	9 737	10 137	10 893	10 141
两省一市合计	27 678	30 278	32 017	34 367	33 521	33 238

表 3-6 列出了 2008～2018 年长三角两省一市合计规模以上工业企业办研发机构数占全国比重。该占比逐年下降，从 2012 年占比超过 50%到 2018 年仅为 39.99%，表现出长三角两省一市规模以上工业企业办研发机构数虽然领先全国，但近年来全国发展总体水平提升速度快于长三角两省一市。

表 3-6　2008～2018 年长三角两省一市合计规模以上工业企业办研发机构数占全国比重

年份	长三角两省一市合计（家）	全国（家）	占全国比重（%）
2008	—	26 177	—
2009	—	29 879	—
2010	—	—	—
2011	—	31 320	—
2012	25 205	45 937	54.87
2013	27 678	51 625	53.61
2014	30 278	57 199	52.93
2015	32 017	62 954	50.86
2016	34 367	72 963	47.10
2017	33 521	82 667	40.55
2018	33 238	83 115	39.99

3.3 规模以上工业企业 R&D 项目数

R&D 活动最终将反映在企业所成立的 R&D 项目上，R&D 项目数是省市进行创新努力所获得成果的直观体现。因此分析长三角核心区规模以上工业企业 R&D 项目数是极具现实意义的。

3.3.1 从数字看态势

如表 3-7 所示，2018 年长三角两省一市规模以上工业企业 R&D 项目数合计 162 808 项。其中，上海市 R&D 项目数为 12 442 项，占比为 7.64%；江苏省和浙江省合计占比超过 90%，其中江苏省为 72 426 项，占比为 44.49%，浙江省为 77 940 项，占比为 47.87%。

表 3-7 2018 年长三角两省一市规模以上工业企业 R&D 项目数

地区	2018 年规模以上工业企业 R&D 项目数		2018 年比 2008 年增长倍数（倍）	2008～2018 年年均增长率（%）
	数量（项）	占比（%）		
上海市	12 442	7.64	0.78	5.92
江苏省	72 426	44.49	3.04	14.97
浙江省	77 940	47.87	3.54	16.33
合计	162 808	100.00	2.87	14.48

2008～2018 年，长三角两省一市规模以上工业企业 R&D 项目数总体上升，年均增长率为 14.48%，反映了长三角两省一市在创新研究与开发上发展非常迅速，做出了极大的创新努力并取得了显著的成就。上海市在此期间规模以上工业企业 R&D 项目数总体上增长非常缓慢，年均增长率仅 5.92%，这与其近几年开始逐年减少的规模以上工业企业 R&D 项目数有关，后文中有进一步阐述。作为全国规模以上工业企业 R&D 项目数领军省份的江苏省截止到 2018 年的表现仍然不负所望：基准年份 2008 年项目数极大，同时也一直保持着较好的增长趋势；在 10 年内翻了 3 倍，年均增长率为 14.97%。表 3-8 展示了 2017 年长三角核心区部分城市规模以上工业企业 R&D 项目数。

表 3-8 显示了长三角核心区部分城市（只有上海市、南京市、无锡市、杭州市、嘉兴市、绍兴市、舟山市有更新至 2017 年的数据，因此该表仅纳入以上 7 个城市）对比 2011 年，2017 年规模以上工业企业 R&D 项目数及其增长。在上述城市中，上海市仍然是拥有 R&D 项目数最多的城市，但其规模以上工业企业 R&D 项目数在 2011～2017 年存在上下波动；杭州市和无锡市规模以上工业企业 R&D 项目数分别位居第二和第三，舟山市该指标仅为 559 项。江苏省和浙江省的长三角核心区 4 个城市在这 6 年间的年均增长率均保持在 10%以上，其中浙江省的绍兴市规模以上工业企业 R&D 项目数年均增长率为 16.81%，在各城市中发展最为迅速。

表 3-8　2017 年长三角核心区部分城市规模以上工业企业 R&D 项目数

地区	2017 年规模以上工业企业 R&D 项目数		2017 年比 2011 年增长倍数（倍）	2011～2017 年年均增长率（%）
	数量（项）	占比（%）		
上海市	12 557	8.43	0.01	0.24
南京市	7 016	4.71	0.79	10.17
无锡市	9 297	6.24	—	—
杭州市	10 000	6.71	—	—
嘉兴市	7 198	4.83	1.23	14.26
绍兴市	5 325	3.58	1.54	16.81
舟山市	559	0.38	0.80	10.33
江苏省	67 205	45.12	1.10	13.20
浙江省	69 180	46.45	1.41	15.81
两省一市合计	148 942	100.00	1.04	12.62

注：无锡市和杭州市 2011 年规模以上工业企业 R&D 项目数缺失；部分核心区城市 2017 年规模以上工业企业 R&D 项目数缺失，该表未列出。

图 3-7 显示了 2011 年、2015 年和 2017 年长三角核心区部分城市（上海市、南京市、常州市、嘉兴市、绍兴市、舟山市）规模以上工业企业 R&D 项目数。不难发现，上海市 R&D 项目数持续保持过万，遥遥领先于其他城市，其他城市中规模以上工业企业 R&D 项目数最多的南京市和嘉兴市最多时也仅仅只有 7000 多项。这反映了长三角核心区各城市之间创新发展极度不均衡的现状，超一线城市的创新研发水平远远领先于普通一线、二线城市。

另外，尽管上海市的规模以上工业企业 R&D 项目数暂时明显领先，但其近年来的增长情况较不稳定，该项数据在 2015 年以后出现了波动式下降的情况，致使其在 2017 年的数据与 2011 年相比基本持平。不同于上海市，图 3-7 中的其他城市在 2011～

2017 年规模以上工业企业 R&D 项目数均呈现整体上升趋势，其中南京市、常州市、嘉兴市、绍兴市的增速显著，与上海市的差距也在不断缩小，南京市和嘉兴市有逐步赶超的趋势。浙江省舟山市规模以上工业企业 R&D 项目数还处于较低水平，未突破千项大关，但在 2011～2017 年仍不断增长，近乎翻倍。

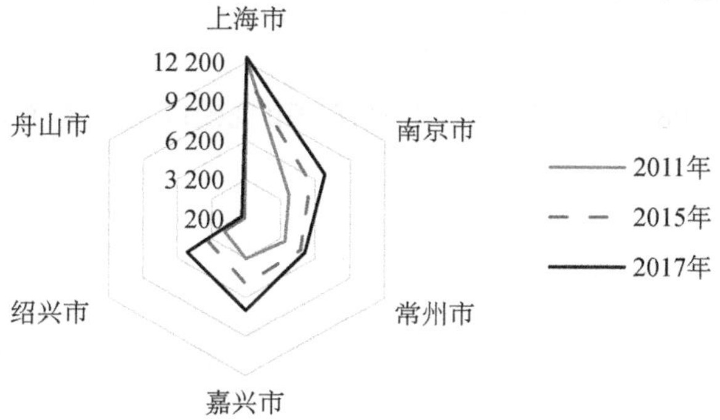

图 3-7　2011 年、2015 年和 2017 年长三角核心区部分城市规模以上工业企业 R&D 项目数（单位：项）

2017 年，长三角核心区中的 7 个城市（其余 9 个城市因数据缺失，未列出）规模以上工业企业 R&D 项目数平均值为 7422 项，如图 3-8 所示。截至 2017 年，除了舟山市规模以上工业企业 R&D 项目数远低于平均值之外，其余各城市均在平均值水平上下浮动。上海市、无锡市、杭州市规模以上工业企业 R&D 项目数高于平均水平，且这 3 个城市规模以上工业企业 R&D 项目数占这 7 个核心城市总项目数的 61.31%，其中上海市以 12 557 项居于第一位。南京市、嘉兴市仅略低于平均水平，绍兴市规模以上

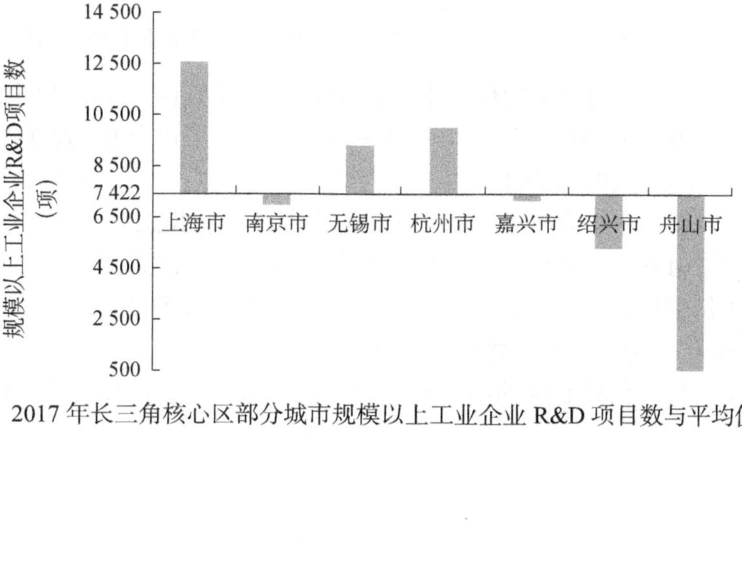

图 3-8　2017 年长三角核心区部分城市规模以上工业企业 R&D 项目数与平均值比较

工业企业 R&D 项目数也低于平均水平，为 5325 项。2017 年，除舟山市外，长三角核心区各城市间在规模以上工业企业 R&D 项目数上发展均衡，差别不大。

3.3.2 从增速看发展

图 3-9 显示了 2008～2018 年长三角两省一市规模以上工业企业 R&D 项目数的整体变化。

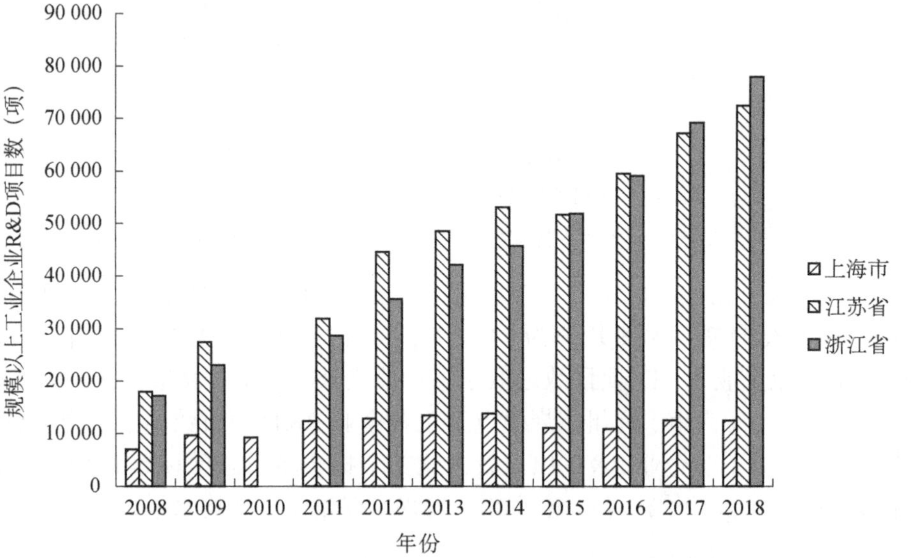

图 3-9　2008～2018 年长三角两省一市规模以上工业企业 R&D 项目数

由图 3-9 可知，两省一市规模以上工业企业 R&D 项目数在 10 年间都呈现出总体明显上升、不断波动的特点。长三角两省一市规模以上工业企业 R&D 项目数由 2008 年的 42 119 项增长到 2018 年的 162 808 项，增长了接近 3 倍，年均增长率为 14.48%。其中，浙江省规模以上工业企业 R&D 项目数保持逐年增长态势且增长迅猛，于 2015 年、2017 年、2018 年超越江苏省，居长三角两省一市首位。江苏省发展速度同样较快，但随着年份变化，增速时有波动。上海市保持着较为缓慢的增速，于 2010 年、2015 年、2016 年出现负增长，之后继续缓慢增长。

总的来说，长三角核心区的创新发展水平在不断提高和进步，发展期间受各种因素制约，其增速会有一定程度的放缓，但长三角核心区规模以上工业企业 R&D 项目数的增长是反映其所做出的创新努力和所取得创新成果的有力指标。

3.3.3 从构成看特征

为全面反映长三角核心区各城市规模以上工业企业 R&D 项目数特征，表 3-9 展示了 2008～2018 年长三角核心区部分城市（共 10 个城市有该项数据）规模以上工业企业 R&D 项目数。

表 3-9 2008～2018 年长三角核心区部分城市规模以上工业企业 R&D 项目数（单位：项）

地区	2008 年	2009 年	2010 年	2011 年	2012 年
上海市	6 998	9 667	9 240	12 378	12 833
南京市	—	4 588	3 401	3 924	5 458
无锡市	—	—	—	—	—
常州市	—	—	4 411	3 591	4 171
扬州市	—	—	1 918	1 561	2 415
杭州市	—	—	—	—	—
嘉兴市	—	—	2 783	3 235	3 355
绍兴市	—	—	—	2 096	2 447
舟山市	—	—	—	310	246
台州市	—	—	—	4 026	4 178
江苏省	17 944	27 454	—	31 933	44 570
浙江省	17 177	22 986	—	28 672	35 582
两省一市合计	42 119	60 107	—	72 983	92 985

地区	2013 年	2014 年	2015 年	2016 年	2017 年	2018 年
上海市	13 441	13 821	11 089	10 909	12 557	12 442
南京市	5 557	6 295	5 754	5 937	7 016	—
无锡市	—	—	6 923	8 014	9 297	9 538
常州市	4 831	4 895	4 936	5 236	—	—
扬州市	2 297	2 706	2 805	—	—	—

续表

地区	2013 年	2014 年	2015 年	2016 年	2017 年	2018 年
杭州市	—	7 383	8 265	8 943	10 000	10 102
嘉兴市	3 963	4 429	5 166	6 163	7 198	—
绍兴市	2 878	3 160	3 545	3 878	5 325	—
舟山市	242	319	342	491	559	—
台州市	4 697	4 958	5 454	—	—	—
江苏省	48 530	53 117	51 720	59 535	67 205	72 426
浙江省	42 158	45 679	51 940	59 088	69 180	77 940
两省一市合计	104 129	112 617	114 749	129 532	148 942	162 808

表 3-10 显示了 2008～2018 年长三角两省一市合计规模以上工业企业 R&D 项目数占全国比重，表现出先升后降的趋势，总体水平在 29%～38%波动。长三角两省一市规模以上工业企业 R&D 项目数领先全国，占全国比重较大。2016～2017 年，全国总体水平提升速度快于长三角两省一市，致使长三角两省一市合计规模以上工业企业 R&D 项目数占全国比重有所下降。国家统计局数据显示，2019 年全国规模以上工业企业 R&D 项目数为 598 072 项，比 2018 年增长了 125 773 项，同比增长 26.63%。其中，浙江省和江苏省的该项指标在全国的排名分别为第二和第三，分别为 98 501 项和 95 240 项，紧跟在排名第一的广东省之后。

表 3-10　2008～2018 年长三角两省一市合计规模以上工业企业 R&D 项目数占全国比重

年份	长三角两省一市合计（家）	全国（家）	占全国比重（%）
2008	42 119	143 448	29.36
2009	60 107	194 400	30.92
2010	—	—	—
2011	72 983	232 158	31.44
2012	92 985	287 524	32.34
2013	104 129	322 567	32.28
2014	112 617	342 507	32.88
2015	114 749	309 895	37.03
2016	129 532	36 0997	35.88
2017	148 942	445 029	33.47
2018	162 808	472 299	34.47

3.4 规模以上工业企业 R&D 人员

科技创新的关键是人才，R&D 人员是技术创新的动力源，是企业创新投入的重要组成部分，规模以上工业企业 R&D 人员指标反映了规模以上工业企业对创新的重视程度和投入力度。本节针对规模以上工业企业 R&D 人员采用了两种衡量指标，分别是规模以上工业企业 R&D 人员合计（单位：人）和规模以上工业企业 R&D 人员全时当量（单位：人年），其中规模以上工业企业 R&D 人员全时当量是指当年全时人员数加非全时人员按工作量折算为全时人员数的总和。

3.4.1 从数字看态势

如表 3-11 所示，2018 年长三角两省一市规模以上工业企业 R&D 人员全时当量合计 937 693 人年。其中，上海市为 88 016 人年，占比最小，为 9.39%；江苏省为 455 530 人年，占比为 48.58%，接近长三角两省一市的一半；浙江省为 394 147 人年，占比为 42.03%。江苏省和浙江省规模以上工业企业 R&D 人员全时当量分别居于第一位和第二位。

表 3-11　2018 年长三角两省一市规模以上工业企业 R&D 人员全时当量

地区	2018 年规模以上工业企业 R&D 人员全时当量		2018 年比 2008 年增长倍数（倍）	2008～2018 年年均增长率（%）
	总额（人年）	占比（%）		
上海市	88 016	9.39	1.01	7.22
江苏省	455 530	48.58	1.92	11.33
浙江省	394 147	42.03	2.12	12.06
合计	937 693	100.00	1.88	11.15

我们还可以从表 3-11 中了解到，对比 2008 年，2018 年长三角两省一市规模以上工业企业 R&D 人员全时当量及其增长变化情况。2008～2018 年，长三角两省一市的规模以上工业企业 R&D 人员全时当量都有所上升，特别是江苏省和浙江省在 2018 年的规模以上工业企业 R&D 人员全时当量相比 2008 年都增长了 2 倍左右，年均增长率

也都在10%以上，且两省间年均增长率差距不大，说明两省在投入的创新开发人员上所做出的努力较为均衡，具有较小的地区差异。上海市规模以上工业企业 R&D 人员全时当量 2018 年比 2008 年增长 1.01 倍，年均增长率为 7.22%，虽也处于较高水平，但落后于长三角两省一市平均水平。

为了更清晰直观地了解长三角核心区各城市规模以上工业企业 R&D 人员在全国的占比情况，表 3-12 列出了 2018 年长三角核心区部分城市规模以上工业企业 R&D 人员。

2018 年，江苏省规模以上工业企业 R&D 人员合计为 623 444 人，居于首位，占长三角两省一市和全国比重分别为 49.57%和 14.63%；浙江省紧随其后，有 513 546 人，占长三角两省一市和全国比重分别为 40.84%和 12.05%；上海市合计 120 599 人，占长三角两省一市和全国比重分别为 9.59%和 2.83%。

表 3-12 2018 年长三角核心区部分城市规模以上工业企业 R&D 人员

地区	2018 年规模以上工业企业 R&D 人员合计			2018 年比 2011 年增长倍数（倍）	2011～2018 年年均增长率（%）
	总数（人）	占长三角两省一市比重（%）	占全国比重（%）		
上海市	120 599	9.59	2.83	0.20	2.67
南京市	55 243	4.39	1.30	−0.18	−2.86
无锡市	85 516	6.80	2.01	—	—
苏州市	185 622	14.76	4.36	—	—
杭州市	92 900	7.39	2.18	0.70	7.92
宁波市	112 311	8.93	2.64	—	—
嘉兴市	56 637	4.50	1.33	0.95	10.05
湖州市	29 004	2.31	0.68	1.56	14.35
绍兴市	53 865	4.28	1.26	—	—
台州市	44 558	3.54	1.05	0.72	8.08
江苏省	623 444	49.57	14.63	0.72	8.05
浙江省	513 546	40.84	12.05	1.07	10.95
两省一市合计	1 257 589	100.00	29.51	0.77	8.49
全国合计	4 261 170	—	100.00	0.67	7.63

注：无锡市、苏州市、宁波市、绍兴市 2011 年规模以上工业企业 R&D 人员合计数据缺失；部分核心区城市 2018 年规模以上工业企业 R&D 人员合计数据缺失，该表未列出。

2018 年，苏州市、上海市、宁波市的规模以上工业企业 R&D 人员合计名列前三位。上海市的规模以上工业企业 R&D 人员合计年均增长率较低，反映了核心城市带动边缘城市崛起的特征，其与近沪城市（如嘉兴市）形成了良好的人才互动吸引圈层，使得长三角核心区的人才聚集效应更加显著。江苏省规模以上工业企业 R&D 人员合计尽管在 2018 年居于首位，但其 2011～2018 年的年均增长率（8.05%）却落后于浙江省，其中江苏省省会南京市规模以上工业企业 R&D 人员合计自 2015 年起出现了连续的负增长。2011～2018 年，浙江省规模以上工业企业 R&D 人员合计增速迅猛，年均增长率均超过 10%，浙江省有望在未来几年从总量上超过江苏省。这表明 2011～2018 年浙江省加大了对创新研发人才的引进，以点（杭州市）带面的人才流动范式使得浙江省的二、三线城市（如嘉兴市、湖州市、台州市）人才聚集效应持续增长并不断凸显。

图 3-10 显示了 2011 年、2015 年和 2017 年长三角核心区部分城市规模以上工业企业 R&D 人员。规模以上工业企业 R&D 人员合计在长三角核心区不同城市间差异显著，上海市规模以上工业企业 R&D 人员合计一家独大，遥遥领先于其他城市。除上海市和南京市有明显的回落趋势外，多数城市的规模以上工业企业 R&D 人员合计均不断提升，扬州市、杭州市和嘉兴市的发展速度显著，其中扬州市从 2011 年的 15 647 人逐年增长到 2017 年的 32 598 人，规模以上工业企业 R&D 人员合计翻了一番。

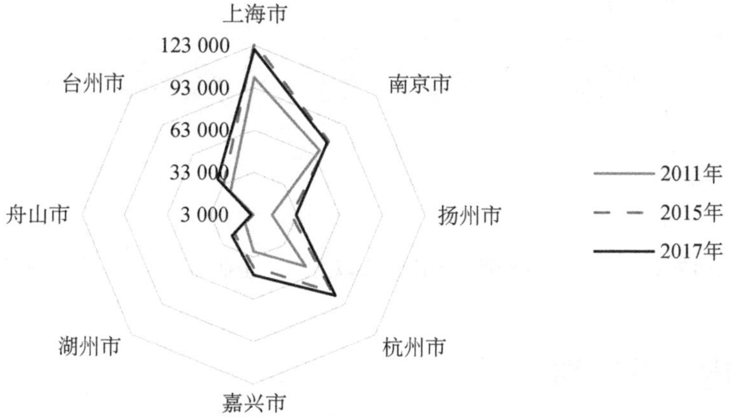

图 3-10 2011 年、2015 年和 2017 年长三角核心区部分城市规模以上工业企业 R&D 人员（单位：人）

2017 年，长三角核心区中的 13 个城市（其余 3 个城市因数据缺失，未列出）规模以上工业企业 R&D 人员合计的平均值为 66 762 人，如图 3-11 所示。上海市、南京市、无锡市、苏州市、杭州市、宁波市规模以上工业企业 R&D 人员合计高于平均水平，其余 7 个城市低于平均水平。整体来看，江苏地区的城市规模以上工业企业 R&D 人员合计大多处于平均线上，而浙江地区的城市更多地低于平均水平；其中，江苏地区苏州市表现突出，以 155 764 人居于第一位，远超平均值，也远远领先于其他城市；浙江地区舟山市创新发展较为迟缓，规模以上工业企业 R&D 人员合计仅有 4687 人，排名最为靠后。上海市该项指标居于第二位，说明截止到 2017 年，上海市作为长三角核心区的龙头城市，吸引和集聚了极大数量的科研人才。同时我们还发现，苏州市规模以上工业企业的创新表现和创新绩效在长三角核心区中表现亮眼，在有 R&D 活动的规模以上工业企业数、规模以上工业企业办研发机构数、规模以上工业企业 R&D 人员合计等多个衡量创新的指标上均处在长三角核心区城市首位。

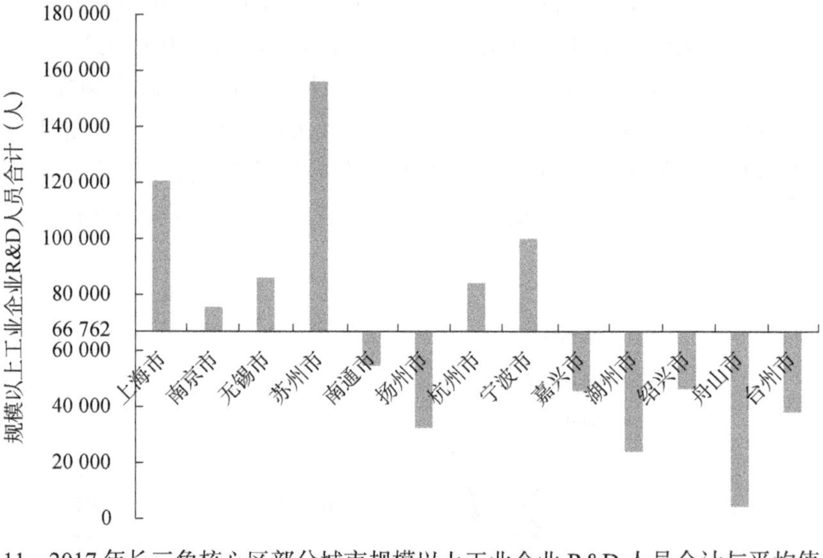

图 3-11　2017 年长三角核心区部分城市规模以上工业企业 R&D 人员合计与平均值比较

3.4.2　从增速看发展

图 3-12 展示了 2008～2018 年长三角两省一市规模以上工业企业 R&D 人员全时当量，长三角两省一市该指标从 2008 年的 325 869 人年增长到 2018 年的 937 693 人年，长期来看增速很大。分时间段来看，各地区在 2008～2014 年均呈现较快的渐进式

增长趋势，但在2014年前后开始出现明显的增长动力不足、增长疲软的现象。

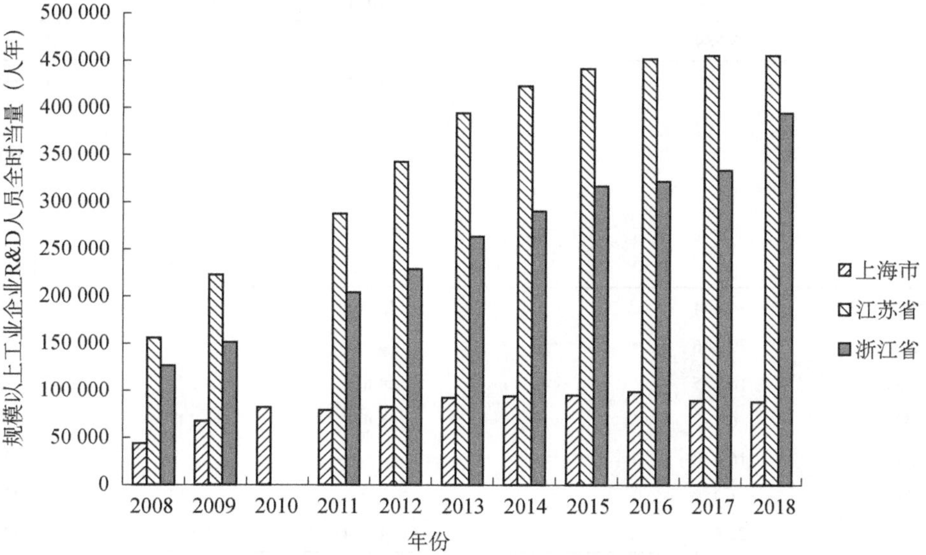

图 3-12　2008～2018年长三角两省一市规模以上工业企业 R&D 人员全时当量

其中，上海市规模以上工业企业 R&D 人员全时当量在 2008～2010 年增速迅猛，两年间从 43 815 人年增长到 82 095 人年，年均增长率高达 36.88%，但其增速自 2011 年起开始放缓，甚至在部分年份出现负增长，其 2011～2018 年的年均增长率仅为 1.53%，规模以上工业企业 R&D 人员全时当量在 90 000 人年上下波动。江苏省自 2016 年起也由前几年的高速发展逐渐转型为低速上升、稳中求进，其规模以上工业企业 R&D 人员全时当量与当地 GDP 的增长率存在较强的正相关性。浙江省规模以上工业企业 R&D 人员全时当量在 2015～2017 年增速放缓，年均增长率仅为 2.65%，2018 年又出现了跃进式的增长，增长率为 18.13%。2018 年浙江省规模以上工业企业 R&D 人员全时当量与江苏省的差距明显缩小。

3.4.3　从构成看特征

表 3-13 列出了 2008～2018 年长三角核心区部分城市规模以上工业企业 R&D 人员，共 14 个城市有该项数据。

表 3-13　2008～2018 年长三角核心区部分城市规模以上工业企业 R&D 人员（单位：人）

地区	2008 年	2009 年	2010 年	2011 年	2012 年
上海市	43 789	79 769	82 100	100 298	108 347
南京市	—	51 769	59 925	67 664	82 683
无锡市	—	—	—	—	—
常州市	—	—	37 056	35 942	44 198
苏州市	—	—	—	—	—
南通市	—	—	—	—	—
扬州市	—	—	18 500	15 647	21 760
杭州市	34 444	—	42 700	54 500	61 200
宁波市	29 246	—	—	—	—
嘉兴市	18 175	—	24 625	28 972	30 712
湖州市	6 712	—	8 429	11 347	14 471
绍兴市	16 738	—	—	—	28 568
舟山市	1 750	—	—	3 213	3 756
台州市	22 683	—	21 594	25 871	27 492
江苏省	195 429	292 015	—	362 492	447 951
浙江省	—	184 929	—	248 156	297 465
两省一市合计	—	556 713	—	710 946	853 763

地区	2013 年	2014 年	2015 年	2016 年	2017 年	2018 年
上海市	116 806	124 334	124 753	119 470	120 229	120 599
南京市	79 799	82 791	76 847	76 387	75 195	55 243
无锡市	—	—	74 112	77 856	85 720	85 516
常州市	53 305	58 684	57 431	60 301	—	—
苏州市	—	137 151	138 976	155 163	155 764	185 622
南通市	—	—	55 394	58 749	54 807	—
扬州市	22 924	27 138	29 241	30 484	32 598	—
杭州市	68 800	74 100	80 100	79 200	83 900	92 900
宁波市	—	83 473	91 287	90 009	99 714	112 311
嘉兴市	33 959	34 866	40 228	41 930	45 976	56 637
湖州市	16 268	17 529	21 872	23 721	24 168	29 004
绍兴市	32 564	35 399	39 718	42 936	46 724	53 865
舟山市	4 399	4 863	4 980	5 526	4 687	—

续表

地区	2013 年	2014 年	2015 年	2016 年	2017 年	2018 年
台州市	28 598	30 613	32 681	35 292	38 424	44 558
江苏省	510 930	552 941	571 188	609 974	589 366	623 444
浙江省	337 155	362 293	402 642	414 652	444 307	513 546
两省一市合计	964 891	1 039 568	1 098 583	1 144 096	1 153 902	1 257 589

由表 3-14 可知，2008～2018 年长三角两省一市规模以上工业企业 R&D 人员合计占全国比重较为稳定地在 27%～31%波动，长三角两省一市研发人员聚集效应不断加强，人才分布呈现从“单极”向“多极”演进的趋势。2018 年，长三角两省一市规模以上工业企业 R&D 人员合计 1 257 589 人，占全国的 29.51%，体现了长三角两省一市较高的 R&D 人员聚集度。2011～2018 年，长三角两省一市规模以上工业企业 R&D 人员合计年均增长率为 8.49%，也高于全国 7.63%的年均增长率，体现出长三角两省一市近年来在创新领域做出了极大努力并取得了卓越成效。

表 3-14　2008～2018 年长三角两省一市规模以上工业企业 R&D 人员合计占全国比重

年份	长三角两省一市合计（人）	全国（人）	占全国比重（%）
2008	—	—	—
2009	556 713	1 914 274	29.08
2010	—	—	—
2011	710 946	2 546 782	27.92
2012	853 763	3 051 455	27.98
2013	964 891	3 375 912	28.58
2014	1 039 568	3 632 627	28.62
2015	1 098 583	3 645 948	30.13
2016	1 144 096	3 867 344	29.58
2017	1 153 902	4 045 058	28.53
2018	1 257 589	4 261 170	29.51

3.5　规模以上工业企业 R&D 经费支出

R&D 经费指研究与试验发展经费，规模以上工业企业 R&D 经费支出指统计年度内实际用于基础研究、应用研究和试验发展的经费支出，包括实际用于研究与试验发展活动的人员劳务费、原材料费、固定资产购建费、管理费及其他费用支出等。R&D经费能够有效地反映一个地区企业在创新上的投入水平，从而体现当地对创新的重视程度，反映创新发展情况。为了便于数据统一，本报告规模以上工业企业 R&D 经费支出均采用规模以上工业企业 R&D 内部经费支出来代表。

3.5.1 从数字看态势

如表 3-15 所示，2018 年长三角两省一市规模以上工业企业 R&D 经费支出为 37 267 884 万元。其中，上海市规模以上工业企业 R&D 经费支出为 5 548 768 万元，占长三角两省一市的 14.89%；江苏省规模以上工业企业 R&D 经费支出为 20 245 195 万元，在长三角两省一市居于领先地位，占比为 54.32%，超过长三角两省一市半数；浙江省规模以上工业企业 R&D 经费支出为 11 473 921 万元，占比为 30.79%。可见，长三角两省一市规模以上工业企业 R&D 经费支出整体水平较高，但区域间的差距仍然存在。

表 3-15　2018 年长三角核心区部分城市规模以上工业企业 R&D 经费支出

地区	2018 年规模以上工业企业 R&D 经费支出		2018 年比 2011 年增长倍数（倍）	2011～2018 年年均增长率（%）
	总额（万元）	占比（%）		
上海市	5 548 768	14.89	0.61	7.08
南京市	1 809 395	4.86	0.84	9.13
无锡市	2 965 143	7.96	—	—
苏州市	5 180 492	13.90	—	—
杭州市	2 682 800	7.20	1.24	12.20
宁波市	2 396 158	6.43	—	—
嘉兴市	1 389 344	3.73	1.41	13.38
湖州市	745 052	2.00	1.74	15.51
绍兴市	1 280 970	3.44	—	—
台州市	801 585	2.15	1.27	12.45
江苏省	20 245 195	54.32	1.25	12.28
浙江省	11 473 921	30.79	1.39	13.26
两省一市合计	37 267 884	100.00	1.16	11.65

注：无锡市、苏州市、宁波市、绍兴市 2011 年规模以上工业企业 R&D 经费支出数据缺失；部分核心区城市 2018 年规模以上工业企业 R&D 经费支出数据缺失，该表未列出。

2011～2018 年，长三角两省一市的规模以上工业企业 R&D 经费支出均不断上升，合计规模以上工业企业 R&D 经费支出年均增长率为 11.65%，初步体现了长三角两省一市近年来创新投入的高速发展。

从城市层面来看，除上海市外，江苏省苏州市仍然具有亮眼的表现。2018 年苏州市规模以上工业企业 R&D 经费支出为 5 180 492 万元，占长三角两省一市的 13.90%；其 2014～2018 年年均增长率为 13.38%，高于平均水平，表现出良好的创新投入现状和未来增长趋势。2018 年江苏省规模以上工业企业 R&D 经费支出占比相较于浙江省更大，但增长速度却不如浙江省的一些位于长三角核心区的城市，其中浙江省湖州市虽然 2018 年规模以上工业企业 R&D 经费支出只有 745 052 万元，占比仅 2.00%，但其 15.51%的年均增长率（2011～2018 年）居于长三角核心区各城市的首位。同时，2018 年浙江省嘉兴市、杭州市、台州市规模以上工业企业 R&D 经费支出占比虽然相较江苏省的无锡市、苏州市都不大，但它们 2011～2018 年的年均增长率都略高于长三角两省一市平均水平。

2011 年、2015 年和 2017 年长三角核心区部分城市规模以上工业企业 R&D 经费支出的多维雷达图详见图 3-13。该图展示了长三角核心区城市在创新投入中的极度不平衡现状，其表现在各城市规模以上工业企业 R&D 经费支出巨大的差距上。2017 年，上海市规模以上工业企业 R&D 经费支出以超过 500 亿元的高额位居第一，杭州市、常州市、南京市跟随其后，其规模以上工业企业 R&D 经费支出在 200 亿元左右，湖州市、舟山市、台州市等地规模以上工业企业 R&D 经费支出均低于 100 亿元，其中舟山市仅约 12.6 亿元。

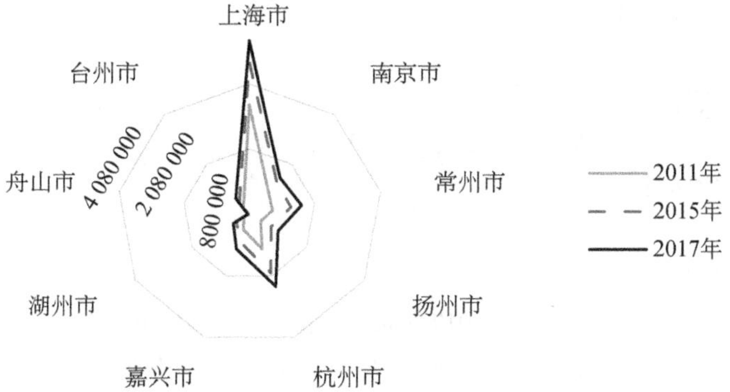

图 3-13　2011 年、2015 年和 2017 年长三角核心区部分城市规模以上工业企业 R&D 经费支出（单位：万元）

虽然长三角核心区各城市规模以上工业企业 R&D 经费支出基数差距较大，分布较为不均，但这些城市这几年的规模以上工业企业 R&D 经费支出几乎都在连年攀升，且增速显著，其中以常州市、嘉兴市等增长尤为明显。舟山市的规模以上工业企业 R&D 经费支出较为不稳定，其在 2017 年有所下降，该市在创新发展经费支出上仍有很大的提升空间。

2017 年，长三角核心区中的 14 个城市（镇江市、泰州市因数据缺失，未列出）规模以上工业企业 R&D 经费支出的平均值为 1 902 309 万元，该平均值能较好地反映长三角核心区规模以上工业企业 R&D 经费支出的整体情况，如图 3-14 所示。仅有上海市，江苏省的无锡市、苏州市和浙江省的杭州市、宁波市这 5 个城市的规模以上工业企业 R&D 经费支出高于平均水平，其余 9 个城市都低于平均水平。2017 年，高于平均水平的 5 个城市的规模以上工业企业 R&D 经费支出占这 14 个核心城市总额的 62.33%，进一步证明长三角核心区各城市的创新水平悬殊，超过半数的规模以上工业企业 R&D 经费支出只由少数几个一线城市贡献。

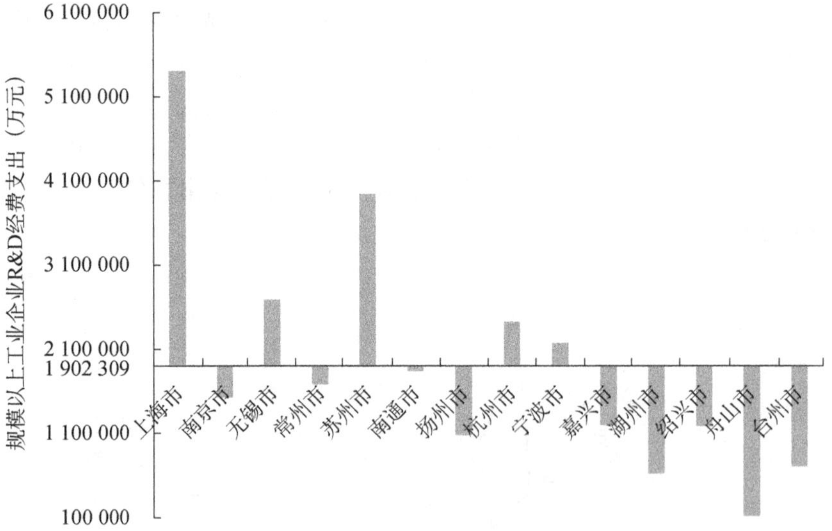

图 3-14　2017 年长三角核心区部分城市
规模以上工业企业 R&D 经费支出与平均值比较

从长三角核心区全域视角来看，上海市的研发投入和研发强度较高，处于第一梯队。第二梯队中，以苏南和浙北等聚集在近沪城市群范围的城市为主。江苏省的长三角核心区城市规模以上工业企业 R&D 经费支出普遍高于浙江省的，但江苏省省会南京市规模以上工业企业 R&D 经费支出在 2017 年仅有 1 532 035 万元，低于平均值。浙江省以杭州市和宁波市作为本省牵头城市以带动浙江省其他城市的创新发展，2017 年其规模以上工业企业 R&D 经费支出分别为 2 419 300 万元和 2 166 461 万元，均高于平均水平。

3.5.2 从增速看发展

进入 2008 年，长三角两省一市规模以上工业企业 R&D 经费支出保持着较快的增长势头，总额从 2008 年的 9 571 086 万元增长到 2018 年的 37 267 884 万元，按当年价格计算，增长了 2.89 倍，年均增长率为 14.56%，远高于同期地区生产总值的增长速度，表明长三角两省一市地方政府都将创新驱动发展作为推动经济增长的第一要务。其中，上海市增长了 1.77 倍，年均增长率为 10.71%；江苏省增长了 3.21 倍，年均增长率为 15.46%；浙江省增长了 3.16 倍，年均增长率为 15.33%；如图 3-15 所示。

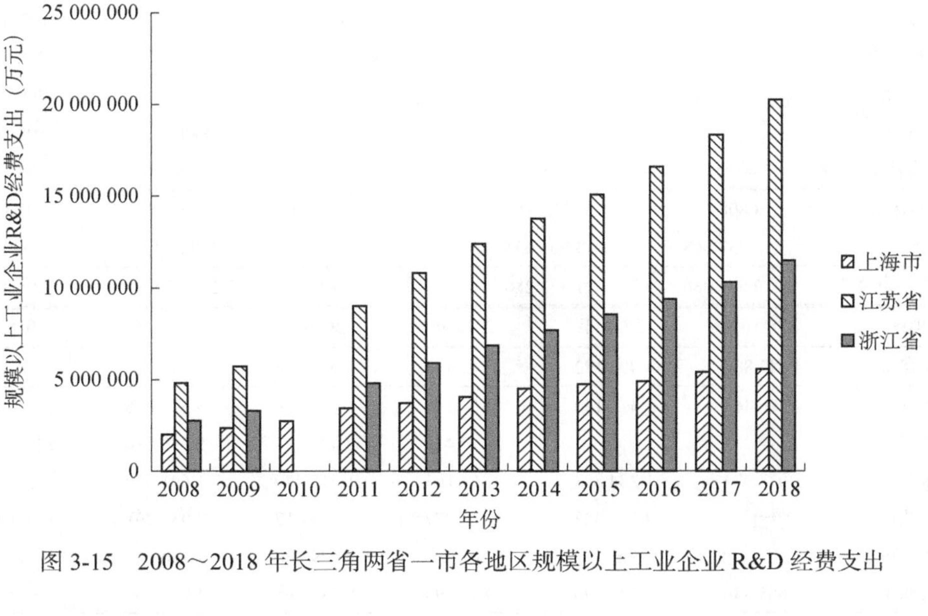

图 3-15　2008～2018 年长三角两省一市各地区规模以上工业企业 R&D 经费支出

3.5.3 从构成看特征

表3-16更为全面详细地列出了长三角核心区部分城市规模以上工业企业R&D经费支出，展示了2008～2018年长三角核心区14个城市规模以上工业企业R&D经费支出。

表3-16 2008～2018年长三角核心区部分城市规模以上工业企业R&D经费支出（单位：万元）

地区	2008年	2009年	2010年	2011年	2012年
上海市	2 005 734	2 365 150	2 740 500	3 437 627	3 715 075
南京市	—	639 049	750 862	981 856	1 188 501
无锡市	—	—	—	—	—
常州市	—	—	634 355	794 012	949 118
苏州市	—	—	—	—	—
南通市	—	—	—	—	—
扬州市	—	—	397 020	478 538	574 363
杭州市	—	—	1 018 300	1 198 700	1 434 700
宁波市	—	—	—	—	—
嘉兴市	—	—	474 253	577 000	662 473
湖州市	—	—	206 623	271 597	358 947
绍兴市	—	—	—	—	709 429
舟山市	—	—	—	88 946	108 102
台州市	—	—	295 485	352 633	373 621
江苏省	4 808 289	5 707 105	—	8 998 944	10 803 107
浙江省	2 757 063	3 301 031	—	4 799 069	5 886 071
两省一市合计	9 571 086	11 373 286	—	17 235 639	20 404 253

地区	2013年	2014年	2015年	2016年	2017年	2018年
上海市	4 047 800	4 492 192	4 742 443	4 900 778	5 399 953	5 548 768
南京市	1 286 467	1 416 150	1 368 298	1 429 259	1 532 035	1 809 395
无锡市	—	—	2 279 456	2 425 291	2 680 080	2 965 143
常州市	1 073 974	1 234 838	1 361 163	1 517 479	1 691 930	—
苏州市	—	3 135 422	3 368 277	3 615 017	3 934 291	5 180 492
南通市	—	—	1 507 497	1 629 048	1 850 621	—
扬州市	665 546	745 896	842 594	946 895	1 087 604	—
杭州市	1 602 100	1 773 900	1 980 600	2 150 300	2 419 300	2 682 800

续表

地区	2013 年	2014 年	2015 年	2016 年	2017 年	2018 年
宁波市	—	1 600 005	1 778 514	1 848 716	2 166 461	2 396 158
嘉兴市	769 523	867 264	945 131	1 044 441	1 205 487	1 389 344
湖州市	415 638	472 936	523 666	574 465	632 292	745 052
绍兴市	802 801	896 846	985 742	1 108 078	1 194 690	1 280 970
舟山市	126 946	139 732	142 682	176 677	125 598	—
台州市	446 273	493 784	550 050	623 138	711 978	801 585
江苏省	12 395 745	13 765 378	15 065 065	16 575 418	18 338 832	20 245 195
浙江省	6 843 562	7 681 473	8 535 689	9 357 877	10 301 447	11 473 921
两省一市合计	23 287 108	25 939 043	28 343 198	30 834 073	34 040 231	37 267 884

表 3-17 展示了 2008～2018 年长三角核心区部分城市规模以上工业企业 R&D 经费支出占当地同期生产总值比例，各城市占比存在明显差异。长三角两省一市整体占比在这 10 年间呈上升趋势。截止到 2018 年，长三角两省一市规模以上工业企业 R&D 经费支出占当地同期生产总值的 1.99%；江苏省和浙江省占比高于长三角两省一市平均值，分别为 2.17%和 2.04%。上海市规模以上工业企业 R&D 经费支出占比在 10 年间先增加后减少，在 2014 年达到峰值，为 1.91%，之后降低至 2018 年的 1.70%。

表 3-17　2008～2018 年长三角核心区部分城市规模以上工业企业 R&D 经费支出占当地同期生产总值比例（%）

地区	2008 年	2009 年	2010 年	2011 年	2012 年
上海市	1.43	1.57	1.60	1.79	1.84
南京市	—	1.51	1.46	1.60	1.65
常州市	—	—	2.08	2.22	2.39
扬州市	—	—	1.78	1.82	1.96
杭州市	—	—	1.71	1.71	1.84
宁波市	—	—	—	—	—
嘉兴市	—	—	2.06	2.16	2.29
湖州市	—	—	1.59	1.79	2.16
绍兴市	—	—	—	—	1.94
舟山市	—	—	—	1.15	1.27
台州市	—	—	1.22	1.26	1.28
江苏省	1.55	1.66	—	1.84	2.01
浙江省	1.28	1.44	—	1.48	1.69
两省一市合计	1.36	1.49	—	1.63	1.79

续表

地区	2013 年	2014 年	2015 年	2016 年	2017 年	2018 年
上海市	1.68	1.91	1.90	1.78	1.79	1.70
南京市	1.57	1.58	1.39	1.34	1.31	1.41
无锡市	—	—	2.62	2.58	2.55	2.59
常州市	2.37	2.47	2.53	2.58	2.56	—
苏州市	—	2.24	2.28	2.30	2.27	2.79
南通市	—	—	2.41	2.37	2.39	—
扬州市	1.98	1.99	2.07	2.10	2.15	—
杭州市	1.92	1.93	1.97	1.90	1.92	1.99
宁波市	—	2.10	2.22	2.13	2.20	2.23
嘉兴市	2.44	2.59	2.69	2.70	2.75	2.85
湖州市	2.31	2.42	2.51	2.51	2.55	2.74
绍兴市	2.02	2.10	2.21	2.31	2.35	2.36
舟山市	1.36	1.38	1.31	1.42	1.03	—
台州市	1.42	1.46	1.55	1.60	1.62	1.64
江苏省	2.09	2.12	2.11	2.14	2.14	2.17
浙江省	1.81	1.91	1.99	1.98	1.99	2.04
两省一市合计	2.17	1.93	1.96	1.96	1.97	1.99

2018 年，在长三角核心区各城市中，嘉兴市和苏州市分别以 2.85%和 2.79%的占比列第一位和第二位，可见两个城市规模以上工业企业 R&D 经费支出占比较大，从而反映其对创新的重视程度较高。南京市规模以上工业企业 R&D 经费支出占比近几年（除 2018 年）持续走低，反映其创新投入对当地的经济增长作用逐渐减弱。

4 高等学校

本章依次选取高等学校数以及高等学校的 R&D 人员、R&D 经费支出、R&D 课题数和科技产出的相关指标，展现长三角核心区高等学校的技术创新水平及其动态。其中，4.2 节中衡量高等学校的 R&D 人员指标包括 R&D 人员数和 R&D 人员全时当量，4.5 节中衡量高等学校的科技产出指标包括发表科技论文数、出版科技著作数以及申请专利数。

4.1 节的指标数据分别来自 2009～2019 年的《上海统计年鉴》、《江苏统计年鉴》和《浙江统计年鉴》；4.2 节至 4.5 节的各指标数据均来自 2009～2019 年的《中国科技统计年鉴》，并且由于该年鉴统计数据的限制，4.2 节至 4.5 节均基于省级行政单元（上海市、江苏省、浙江省）进行分析。

本章基于指标数据分析的时间跨度为 2008～2018 年。由于部分指标 2008 年统计数据缺失，其增长情况分析以 2009 年作为基线。

4.1 高等学校数

高等学校作为科技研发和培育人才的重要力量，尤其在基础研究领域中占据重要地位，是促进地区科学技术发展和自主创新、推动经济高质量发展的重要引擎，其数量可以侧面反映该地区创新发展程度。本节的高等学校数指长三角核心区各城市的普通高等学校数量。由于本章 4.2 节至 4.5 节的指标数据大多集中于 2008～2018 年，为保持一致性和具有可比性，本节基于指标数据分析的时间跨度为 2008～2018 年，统计数据分别来源于 2009～2019 年的《上海统计年鉴》、《江苏统计年鉴》和《浙江统计年鉴》。

4.1.1 从数字看态势

2018 年长三角核心区设立的高等学校数合计 279 所。其中，上海市为 64 所，占比为 22.94%；江苏地区为 134 所，占比为 48.03%；浙江地区为 81 所，占比为 29.03%，如表 4-1 所示。16 个城市中，上海市以 64 所列第一位，南京市以 53 所列第二位，湖州市以 3 所列最后一位。在江苏地区，南京市、苏州市、无锡市位列前三。在浙江地区，杭州市位列第一，共有 40 所高等学校，占比为 14.34%。江苏地区 8 个城市的高等学校数占长三角核心区的接近一半。

表 4-1　2018 年长三角核心区 16 个城市高等学校数及其增长

地区	2018 年高等学校数		2018 年比 2008 年增长倍数（倍）	2008～2018 年年均增长率（%）
	总数（所）	占比（%）		
上海市	64	22.94	0.05	0.48
南京市	53	19.00	0.29	2.60
无锡市	12	4.30	0.20	1.84
常州市	10	3.58	0.11	1.06
苏州市	26	9.32	0.44	3.75
南通市	9	3.23	0.50	4.14
扬州市	9	3.23	0.80	6.05
镇江市	8	2.87	0.60	4.81
泰州市	7	2.51	1.33	8.84
杭州市	40	14.34	0.11	1.06
宁波市	13	4.66	0.00	0.00
嘉兴市	6	2.15	0.50	4.14
湖州市	3	1.08	0.00	0.00
绍兴市	11	3.94	1.20	8.20
舟山市	4	1.43	0.33	2.92
台州市	4	1.43	0.00	0.00
上海市	64	22.94	0.05	0.48
江苏地区	134	48.03	0.38	3.28
浙江地区	81	29.03	0.19	1.76
合计*	279	100.00	0.23	2.13

*本节长三角核心区合计数据为 16 个城市合计数据。

图 4-1 显示了 2008 年、2015 年、2018 年长三角核心区 16 个城市高等学校数。图中显示，除上海市和宁波市的高等学校数在 2018 年相比 2015 年略有下降之外，各城市的高等学校数都处于稳定或增长态势，其中，南京市的高等学校数量增长最为明显。2018 年，上海市、南京市、杭州市、苏州市、宁波市、无锡市列前六位。

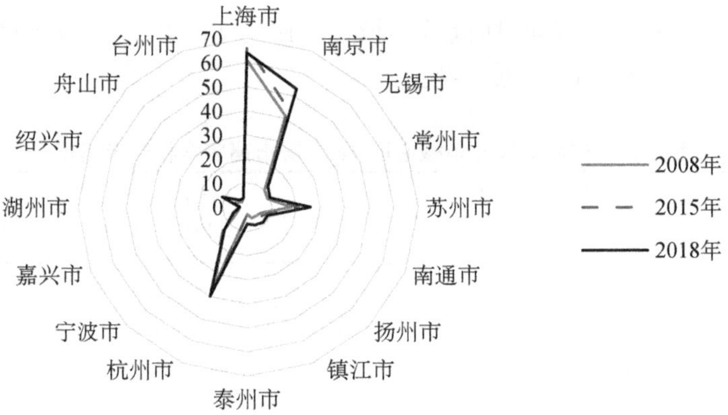

图 4-1　2008 年、2015 年、2018 年长三角核心区 16 个城市高等学校数（单位：所）

2018 年，长三角核心区 16 个城市平均高等学校数为 17 所。其中，上海市，江苏地区的南京市、苏州市，以及浙江地区的杭州市 4 个城市高于平均水平，其余 12 个城市低于平均水平，如图 4-2 所示。高于平均水平的 4 个城市的高等学校数占长三角核心区高等学校数的 65.59%。

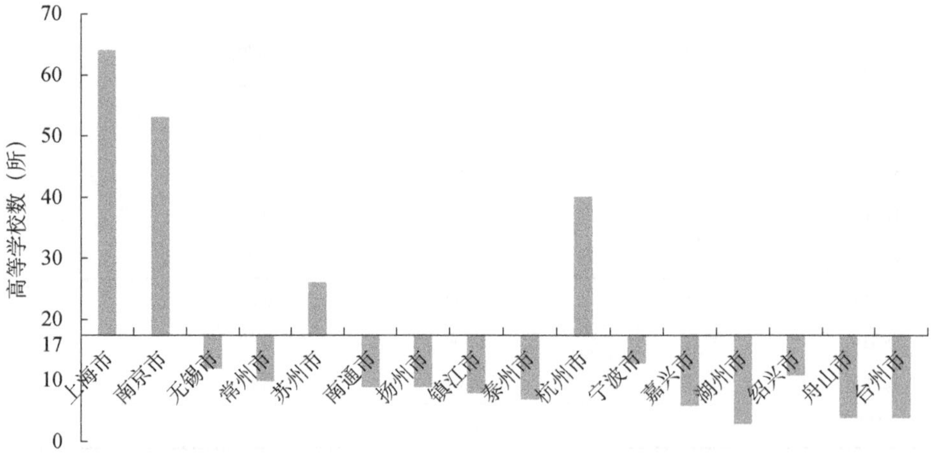

图 4-2　2018 年长三角核心区 16 个城市高等学校数与平均值比较

4.1.2　从增速看发展

2008～2018 年，长三角核心区的高等学校数稳中有增，由 226 所增长到 279 所，增长了 0.23 倍，年均增长率为 2.13%。其中，上海市增长了 0.05 倍，年均增长率为 0.48%；江苏地区增长了 0.38 倍，年均增长率为 3.28%；浙江地区增长了 0.19 倍，年均增长率为 1.76%，如表 4-1 所示。江苏地区的高等学校数增长较为显著，如图 4-3 所示。江苏地区的泰州市和浙江地区的绍兴市均增长了 1 倍以上，年均增长率分别为 8.84%和 8.20%。浙江地区的宁波市、湖州市和台州市为零增长。

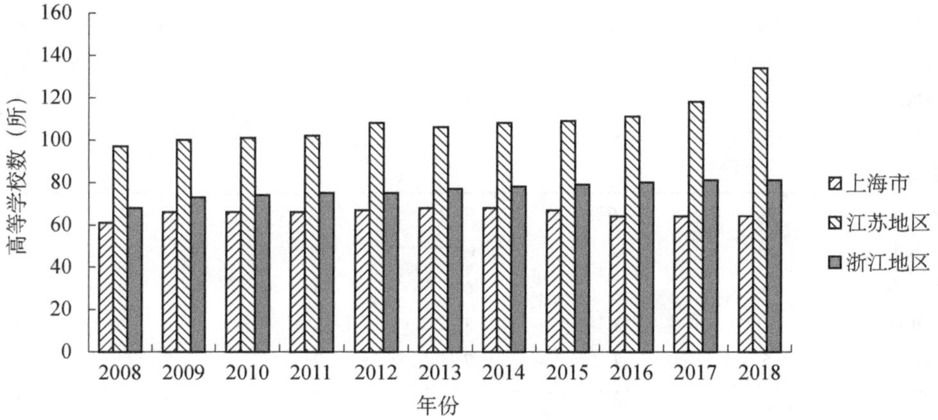

图 4-3　2008～2018 年上海市、江苏地区、浙江地区高等学校数

2008 年以来，江苏地区和浙江地区的高等学校数保持着比较稳定的增长格局，上海市在 2015 年略有下降，2015 年后保持稳定。江苏地区高等学校数稳居长三角核心区首位。

4.1.3　从构成看特征

表 4-2 列出了 2008～2018 年长三角核心区 16 个城市的高等学校数。可以看出，各城市间存在一定差异，但单纯的总量衡量往往不能全面地反映区域的实际情况。因此，可以通过其在全国的占比来反映地区高等学校数在全国的水平，从构成的角度，更全面地审视长三角核心区设立高等学校的状况。表 4-3 为 2008～2018 年长三角核心区 16 个城市高等学校数占全国比重，可以看出，该比重在 2008～2018 年略有波动，但保持在 10%左右。

表 4-2　2008～2018 年长三角核心区 16 个城市高等学校数　（单位：所）

地区	2008 年	2009 年	2010 年	2011 年	2012 年	2013 年
上海市	61	66	66	66	67	68
南京市	41	42	42	42	43	44
无锡市	10	11	11	12	12	12
常州市	9	9	9	9	9	9
苏州市	18	19	20	20	20	20
南通市	6	6	6	6	7	6
扬州市	5	5	5	5	5	5
镇江市	5	5	5	5	6	5
泰州市	3	3	3	3	6	5
杭州市	36	36	37	38	38	38
宁波市	13	15	14	14	14	14
嘉兴市	4	5	6	6	6	6
湖州市	3	3	3	3	3	3
绍兴市	5	7	7	7	7	9
舟山市	3	3	3	3	3	3
台州市	4	4	4	4	4	4

地区	2014 年	2015 年	2016 年	2017 年	2018 年
上海市	68	67	64	64	64
南京市	44	44	44	44	53
无锡市	12	12	12	12	12
常州市	9	10	10	10	10
苏州市	21	21	22	26	26
南通市	8	8	8	8	9
扬州市	6	6	6	7	9
镇江市	5	5	6	8	8
泰州市	3	3	3	3	7
杭州市	38	39	39	39	40
宁波市	14	14	14	14	13
嘉兴市	6	6	6	6	6
湖州市	3	3	3	3	3
绍兴市	9	9	10	11	11
舟山市	4	4	4	4	4
台州市	4	4	4	4	4

表 4-3　2008～2018 年长三角核心区 16 个城市高等学校数占全国比重

年份	长三角核心区 16 个城市（所）	全国（所）	占全国比重（%）
2008	226	2263	9.99
2009	239	2305	10.37
2010	241	2358	10.22
2011	243	2409	10.09
2012	250	2442	10.24
2013	251	2491	10.08
2014	254	2529	10.04
2015	255	2560	9.66
2016	255	2596	9.82
2017	263	2631	10.00
2018	279	2663	10.48

4.2　R&D 人员

创新驱动的本质是人才驱动，R&D 人员是技术创新的动力源，是高等学校创新投入的重要组成部分，该项指标反映了高等学校对创新的重视程度和投入力度，也是衡量创新能力的常规指标之一。本节针对高等学校 R&D 人员采用了两种衡量指标，分别是 R&D 人员数（单位：人）和 R&D 人员全时当量（单位：人年），其中 R&D 人员全时当量是指当年全时人员数加非全时人员按工作量折算为全时人员数的总和。高等学校分为理工农医类高等学校以及人文社科类高等学校，三者的统计数据将分别列出。因为城市级别数据缺失（各城市统计年鉴未统计此指标）以及时间数据缺失［部分省（直辖市）最早只公布了 2008 年或 2009 年的数据］，为具有可比性，本节仅选取上海市、江苏省和浙江省[①]的 R&D 人员数来作描述性统计，其中 R&D 人员数指标的时间跨度为 2009～2018 年，R&D 人员全时当量指标的时间跨度为 2008～2018 年。本节数据均来自 2009～2019 年的《中国科技统计年鉴》。

① 本节中的江苏省和浙江省指江苏省和浙江省全境，区别于上一节中包含于长三角核心区的江苏地区和浙江地区。因受到高等学校 R&D 指标城市层面数据缺失的限制，本节选取两省一市作为数据分析的范围。4.3 节至 4.5 节亦然。

4.2.1 从数字看态势

2018 年长三角两省一市高等学校的 R&D 人员数合计 179 920 人。其中，上海市为 52 904 人，占比为 29.40%；江苏省为 69 264 人，占比为 38.50%；浙江省为 57 752 人，占比为 32.10%，如表 4-4 所示。理工农医类高等学校的 R&D 人员数合计 83 485 人，占总数的 46.40%。其中，上海市为 35 356 人，占比为 19.65%；江苏省为 29 459 人，占比为 16.37%；浙江省为 18 670 人，占比为 10.38%。人文社科类高等学校的 R&D 人员数合计 96 435 人，占总数的 53.60%。其中，上海市为 17 548 人，占比为 9.75%；江苏省为 39 805 人，占比为 22.12%；浙江省为 39 082 人，占比为 21.72%。

表 4-4　2018 年长三角两省一市高等学校 R&D 人员数及其增长

类别	地区	2018 年 R&D 人员数		2018 年比 2009 年增长倍数（倍）	2009～2018 年年均增长率（%）
		总数（人）	占比（%）		
高等学校	上海市	52 904	29.40	0.60	5.33
	江苏省	69 264	38.50	1.25	9.41
	浙江省	57 752	32.10	1.31	9.75
	合计	179 920	100.00	1.02	8.14
理工农医类高等学校	上海市	35 356	19.65	0.38	3.66
	江苏省	29 459	16.37	0.47	4.39
	浙江省	18 670	10.38	0.49	4.56
	合计	83 485	46.40	0.44	4.11
人文社科类高等学校	上海市	17 548	9.75	1.31	9.76
	江苏省	39 805	22.12	2.68	15.59
	浙江省	39 082	21.72	2.13	13.50
	合计	96 435	53.60	2.12	13.48

2018 年长三角两省一市高等学校的 R&D 人员全时当量合计 76 896 人年。其中，上海市为 28 323 人年，占比为 36.83%；江苏省为 27 862 人年，占比为 36.23%；浙江省为 20 711 人年，占比为 26.93%，如表 4-5 所示。理工农医类高等学校的 R&D 人员全时当量合计 55 636 人年，占总数的 72.35%。其中，上海市为 23 564 人年，占比为 30.64%；江苏省为 19 631 人年，占比为 25.53%；浙江省为 12 441 人年，占比为 16.18%。

人文社科类高等学校的 R&D 人员全时当量合计 21 260 人年，占总数的 27.65%。其中，上海市为 4759 人年，占比为 6.19%；江苏省为 8231 人年，占比为 10.70%；浙江省为 8270 人年，占比为 10.75%。

表 4-5 2018 年长三角两省一市高等学校 R&D 人员全时当量及其增长

类别	地区	2018 年 R&D 人员全时当量		2018 年比 2008 年增长倍数（倍）	2008～2018 年年均增长率（%）
		总数（人年）	占比（%）		
高等学校	上海市	28 323	36.83	0.53	4.34
	江苏省	27 862	36.23	0.60	4.84
	浙江省	20 711	26.93	0.83	6.21
	合计	76 896	100.00	0.63	4.99
理工农医类高等学校	上海市	23 564	30.64	0.60	4.84
	江苏省	19 631	25.53	0.49	4.05
	浙江省	12 441	16.18	0.57	4.63
	合计	55 636	72.35	0.55	4.50
人文社科类高等学校	上海市	4 759	6.19	0.24	2.19
	江苏省	8 231	10.70	0.97	7.04
	浙江省	8 270	10.75	1.41	9.21
	合计	21 260	27.65	0.86	6.40

图 4-4、图 4-5 分别显示了长三角两省一市 2009 年、2015 年和 2018 年高等学校 R&D 人员数，以及 2008 年、2015 年和 2018 年 R&D 人员全时当量增长情况。图中显示，除上海市人文社科类高等学校的 R&D 人员全时当量在 2018 年相比 2015 年略有减少之外，两省一市的 R&D 人员数及 R&D 人员全时当量基本处于增长态势，其中，理工农医类高等学校的 R&D 人员数增幅较小，人文社科类高等学校的 R&D 人员数增幅较大。与上海市相比，江苏省和浙江省的人文社科类高等学校 R&D 人员数增长更为显著。

2018 年，长三角两省一市平均高等学校 R&D 人员数为 59 973 人，其中，江苏省高于平均水平；平均理工农医类高等学校 R&D 人员数为 27 828 人，其中，上海市和江苏省高于平均水平；平均人文社科类高等学校 R&D 人员数为 32 145 人，其中，江苏省和浙江省高于平均水平，如图 4-6 所示。

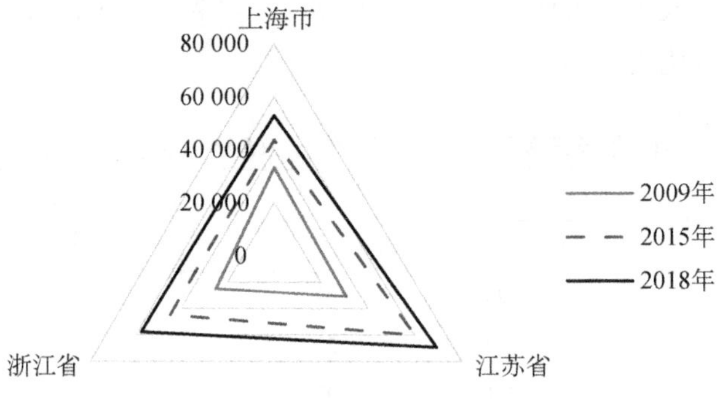

（a）高等学校

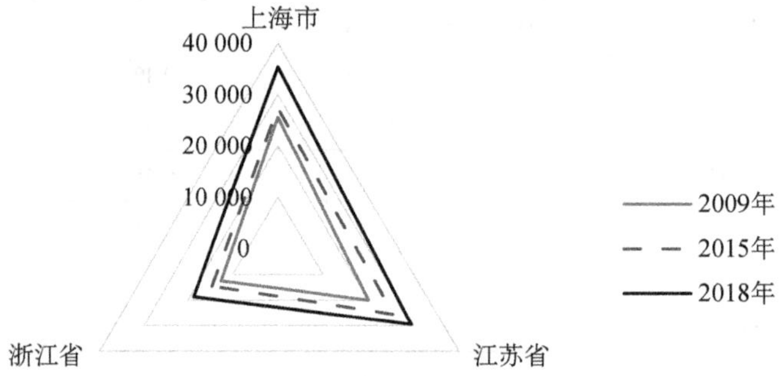

（b）理工农医类高等学校

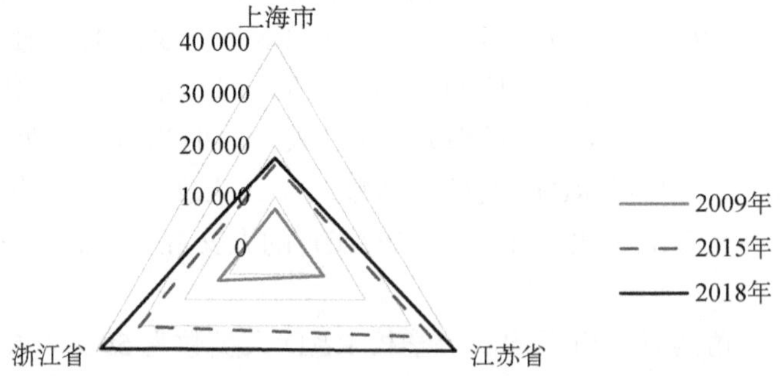

（c）人文社科类高等学校

图 4-4　2009 年、2015 年、2018 年长三角两省一市高等学校 R&D 人员数（单位：人）

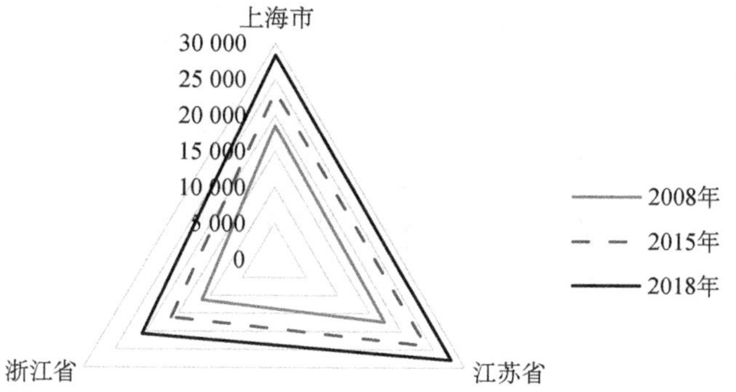

（a）高等学校

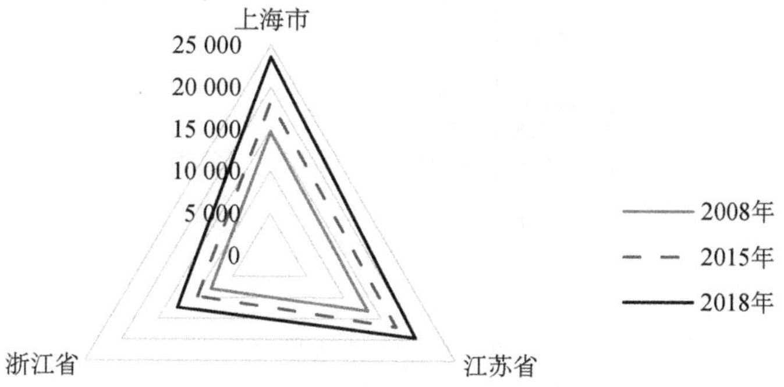

（b）理工农医类高等学校

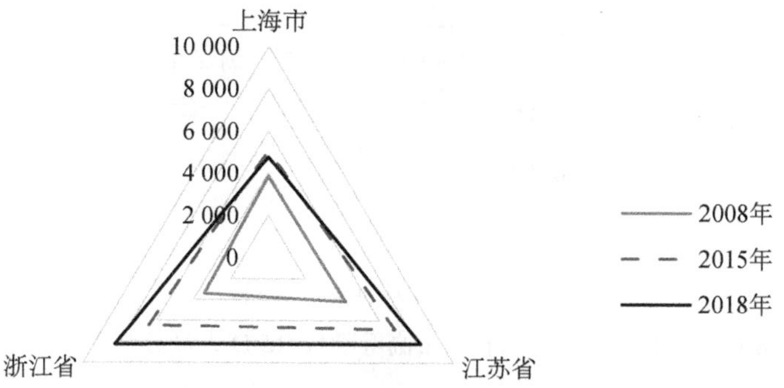

（c）人文社科类高等学校

图 4-5　2008 年、2015 年、2018 年长三角两省一市高等学校 R&D 人员全时当量（单位：人年）

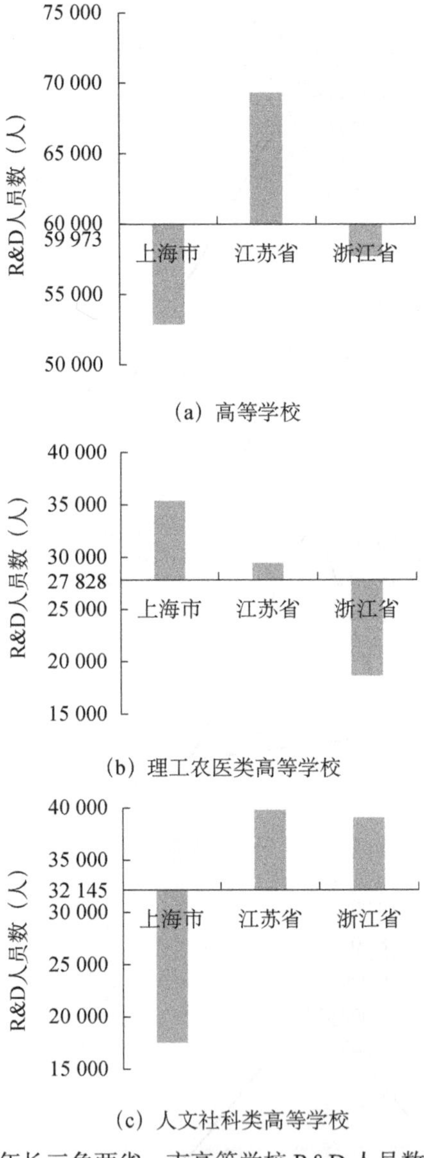

图 4-6　2018 年长三角两省一市高等学校 R&D 人员数与平均值比较

2018 年，长三角两省一市平均高等学校 R&D 人员全时当量为 25 632 人年，其中，上海市和江苏省高于平均水平；平均理工农医类高等学校 R&D 人员全时当量为 18 545 人年，其中，上海市和江苏省高于平均水平；平均人文社科类高等学校 R&D 人员全时当量为 7087 人年，其中江苏省和浙江省高于平均水平，如图 4-7 所示。

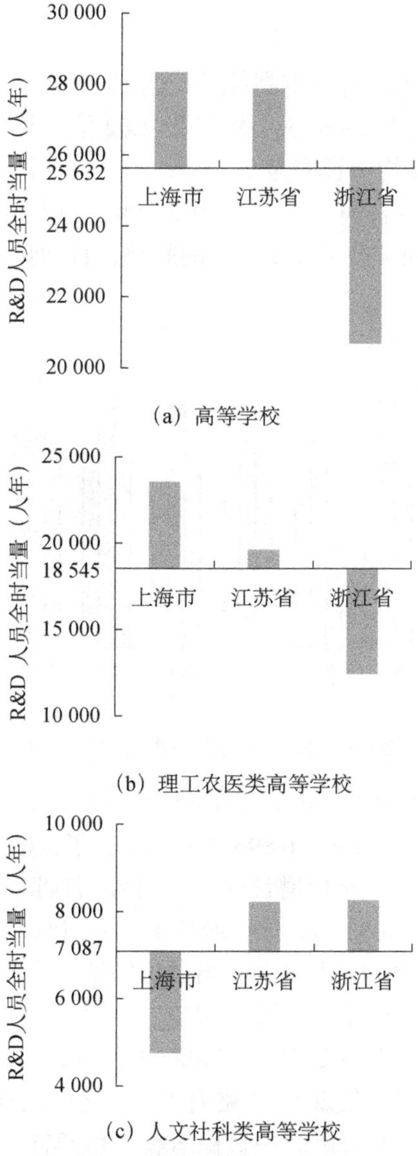

图 4-7　2018 年长三角两省一市高等学校 R&D 人员全时当量与平均值比较

4.2.2 从增速看发展

2009～2018 年，长三角两省一市高等学校的 R&D 人员数稳中有增，由 2009 年的 88 987 人增长到 2018 年的 179 920 人，增长了 1.02 倍，年均增长率为 8.14%。其中，上海市增长了 0.60 倍，年均增长率为 5.33%；江苏省增长了 1.25 倍，年均增长率为 9.41%；浙江省增长了 1.31 倍，年均增长率为 9.75%，如表 4-4 所示。如图 4-8 所示，江苏省和浙江省均在这 9 年间保持了逐年增长的趋势，且增长较为显著，均在 1 倍以上。

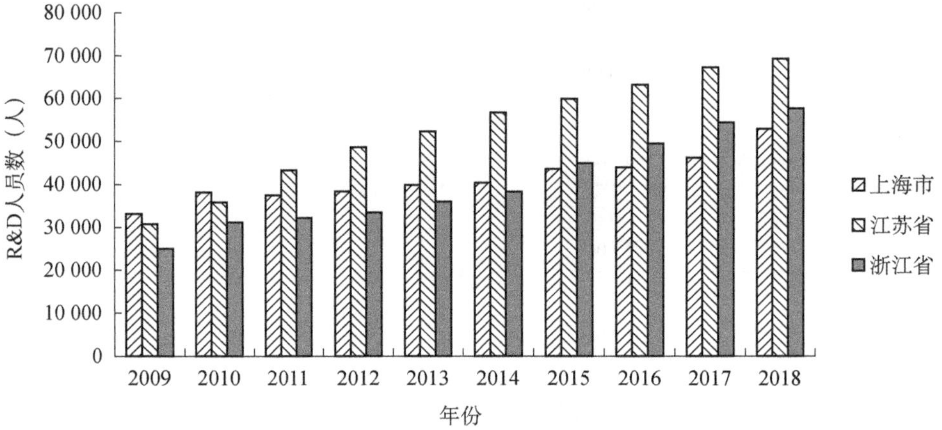

图 4-8　2009～2018 年长三角两省一市高等学校 R&D 人员数变化

2008～2018 年，长三角两省一市高等学校的 R&D 人员全时当量稳中有增，由 2008 年的 47 240 人年增长到 2018 年的 76 896 人年，增长了 0.63 倍，年均增长率为 4.99%。其中，上海市增长了 0.53 倍，年均增长率为 4.34%；江苏省增长了 0.60 倍，年均增长率为 4.84%；浙江省增长了 0.83 倍，年均增长率为 6.21%，如表 4-5 所示。如图 4-9 所示，两省一市高等学校的 R&D 人员全时当量均保持增长的趋势，浙江省的总量水平相对较低，但增长情况与上海市和江苏省相当。

如图 4-8 所示，2009 年以来，江苏省和浙江省高等学校的 R&D 人员数均保持着比较稳定的增长格局，上海市在 2011 年略有下降，之后恢复增长。江苏省高等学校的 R&D 人员数在 2011 年反超上海市后一直稳居长三角两省一市首位；浙江省也在 2015 年超越了上海市。但是，浙江省高等学校的 R&D 人员全时当量在 2008～2018 年一直显著低于上海市和江苏省，上海市高等学校的 R&D 人员全时当量在 2008～2012 年处于长三角两省一市首位，在 2013 年被江苏省反超并逐年拉开差距，但在 2018 年重新回到长三角两省一市首位，如图 4-9 所示。

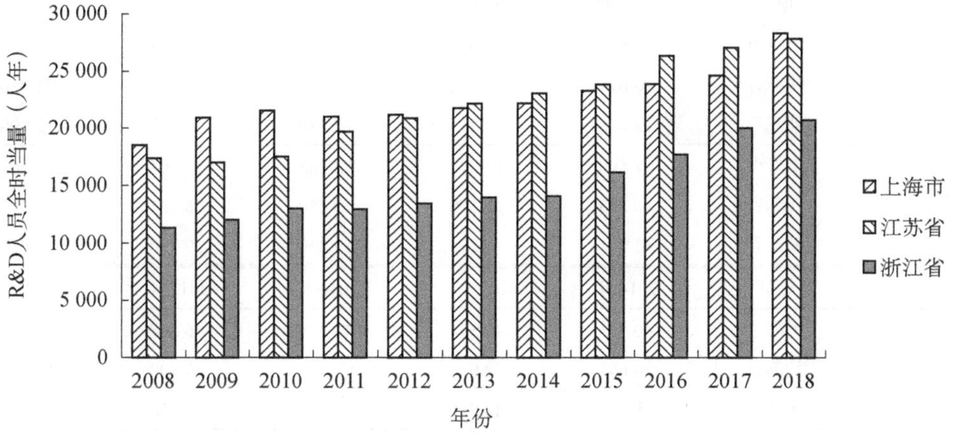

图 4-9　2008～2018 年长三角两省一市高等学校 R&D 人员全时当量变化

4.2.3　从构成看特征

表 4-6 和表 4-7 分别列出了长三角两省一市高等学校的 R&D 人员数（2009～2018 年）和 R&D 人员全时当量（2008～2018 年）的数值。可以看出，各省级行政区之间存在一定差异，但单纯的总量衡量往往不能全面地反映区域的实际情况。因此，可以通过其在全国的占比来反映地区高等学校 R&D 人员数在全国的水平，从构成的角度更全面地审视长三角两省一市高等学校在 R&D 人员投入方面的状况。表 4-8 和表 4-9 列出了长三角两省一市高等学校合计 R&D 人员数占全国比重（2009～2018 年）及合计 R&D 人员全时当量占全国比重（2008～2018 年），二者在 2010～2015 年稳定在 17%～18%，且在 2016 年有一个较为显著的上升，此后维持在 18%以上。

表 4-6　2009～2018 年长三角两省一市高等学校 R&D 人员数　（单位：人）

类别	地区	2009 年	2010 年	2011 年	2012 年	2013 年
高等学校	上海市	33 166	38 175	37 514	38 348	39 866
	江苏省	30 822	35 792	43 258	48 634	52 344
	浙江省	24 999	31 158	32 210	33 481	35 993

续表

类别	地区	2009 年	2010 年	2011 年	2012 年	2013 年
理工农医类高等学校	上海市	25 576	26 077	25 251	24 844	25 703
	江苏省	20 019	20 692	22 808	22 707	24 820
	浙江省	12 498	12 953	12 380	13 011	12 998
人文社科类高等学校	上海市	7 590	12 098	12 263	13 504	14 163
	江苏省	10 803	15 100	20 450	25 927	27 524
	浙江省	12 501	18 205	19 830	20 470	22 995
类别	地区	2014 年	2015 年	2016 年	2017 年	2018 年
高等学校	上海市	40 381	43 574	43 977	46 207	52 904
	江苏省	56 691	59 954	63 249	67 309	69 264
	浙江省	38 290	44 919	49 421	54 350	57 752
理工农医类高等学校	上海市	26 420	27 351	29 087	30 105	35 356
	江苏省	25 538	25 547	29 464	29 382	29 459
	浙江省	13 012	14 568	15 738	18 070	18 670
人文社科类高等学校	上海市	13 961	16 223	14 890	16 102	17 548
	江苏省	31 153	34 407	33 785	37 927	39 805
	浙江省	25 278	30 351	33 683	36 280	39 082

表 4-7　2008～2018 年长三角两省一市高等学校 R&D 人员全时当量（单位：人年）

类别	地区	2008 年	2009 年	2010 年	2011 年	2012 年	2013 年
高等学校	上海市	18 527	20 942	21 565	21 011	21 171	21 799
	江苏省	17 374	17 016	17 513	19 686	20 880	22 189
	浙江省	11 339	12 038	13 000	12 939	13 429	13 960
理工农医类高等学校	上海市	14 695	17 048	17 382	16 832	16 559	17 134
	江苏省	13 204	13 342	13 791	15 203	15 134	16 540
	浙江省	7 913	8 330	8 632	8 253	8 674	8 665
人文社科类高等学校	上海市	3 832	3 894	4 183	4 179	4 612	4 665
	江苏省	4 170	3 674	3 722	4 483	5 745	5 649
	浙江省	3 426	3 707	4 368	4 686	4 755	5 295

类别	地区	2014 年	2015 年	2016 年	2017 年	2018 年
高等学校	上海市	22 198	23 283	23 892	24 625	28 323
	江苏省	23 082	23 875	26 350	27 063	27 862
	浙江省	14 074	16 149	17 714	20 019	20 711

续表

类别	地区	2014 年	2015 年	2016 年	2017 年	2018 年
理工农医类高等学校	上海市	17 612	18 229	19 387	20 064	23 564
	江苏省	17 019	17 025	19 634	19 582	19 631
	浙江省	8 671	9 710	10 483	12 039	12 441
人文社科类高等学校	上海市	4 586	5 053	4 504	4 561	4 759
	江苏省	6 063	6 850	6 716	7 481	8 231
	浙江省	5 403	6 439	7 231	7 980	8 270

表 4-8　2009～2018 年长三角两省一市高等学校合计 R&D 人员数占全国比重

年份	长三角两省一市合计（人）	全国（人）	占全国比重（%）
2009	88 987	509 366	17.47
2010	105 125	593 569	17.71
2011	112 982	631 772	17.88
2012	120 463	677 787	17.77
2013	128 203	715 144	17.93
2014	135 362	762 794	17.75
2015	148 447	838 786	17.70
2016	156 647	851 764	18.39
2017	167 866	913 590	18.37
2018	179 920	984 292	18.28

表 4-9　2008～2018 年长三角两省一市高等学校合计 R&D 人员全时当量占全国比重

年份	长三角两省一市合计（人年）	全国（人年）	占全国比重（%）
2008	47 240	266 813	17.71
2009	49 996	275 191	18.17
2010	52 078	289 670	17.98
2011	53 636	299 296	17.92
2012	55 480	313 520	17.70
2013	57 948	324 751	17.84
2014	59 354	334 794	17.73
2015	63 307	354 861	17.84
2016	67 956	360 049	18.87
2017	71 707	382 160	18.76
2018	76 896	410 893	18.71

4.3 R&D 经费支出

研发经费内部支出是研发投入的直接度量，是科研经费的实际使用量，能够衡量高等学校对创新发展的支持力度和重视程度。一般而言，研发经费内部支出与创新发展程度有正向相关关系，学界也通常用研发投入作为衡量创新能力的指标。本节的R&D 经费支出指普通高等学校的科技经费内部支出，所有高等学校、理工农医类高等学校以及人文社科类高等学校的统计数据将分别列出。因为城市级别数据缺失（各城市统计年鉴未统计此指标）以及时间数据缺失［部分省（直辖市）最早只公布了 2008 年的统计数据］，为具有可比性，本节仅选取 2008～2018 年上海市、江苏省和浙江省的 R&D 经费支出来作描述性统计，本节数据来自《中国科技统计年鉴》。

4.3.1 从数字看态势

2018 年长三角两省一市高等学校的 R&D 经费支出合计 323.72 亿元。其中，上海市为 124.91 亿元，占比为 38.59%；江苏省为 126.44 亿元，占比为 39.06%；浙江省为 72.36 亿元，占比为 22.35%，如表 4-10 所示。理工农医类高等学校的 R&D 经费支出合计 278.64 亿元，占总数的 86.07%。其中，上海市为 107.23 亿元，占比为 33.12%；江苏省为 114.93 亿元，占比为 35.50%；浙江省为 56.48 亿元，占比为 17.45%。人文社科类高等学校的 R&D 经费支出合计 45.08 亿元，占总数的 13.93%。其中，上海市为 17.68 亿元，占比为 5.46%；江苏省为 11.51 亿元，占比为 3.56%；浙江省为 15.88 亿元，占比为 4.91%。

表 4-10 2018 年长三角两省一市高等学校 R&D 经费支出及其增长

类别	地区	2018 年 R&D 经费支出		2018 年比 2008 年	2008～2018 年
		总数（亿元）	占比（%）	增长倍数（倍）	年均增长率（%）
高等学校	上海市	124.91	38.59	0.98	7.09
	江苏省	126.44	39.06	1.15	7.94
	浙江省	72.36	22.35	1.60	10.03
	合计	323.72	100.00	1.16	8.02

续表

类别	地区	2018 年 R&D 经费支出		2018 年比 2008 年增长倍数（倍）	2008～2018 年年均增长率（%）
		总数（亿元）	占比（%）		
理工农医类高等学校	上海市	107.23	33.12	0.83	6.22
	江苏省	114.93	35.50	1.05	7.42
	浙江省	56.48	17.45	1.34	8.87
	合计	278.64	86.07	1.00	7.20
人文社科类高等学校	上海市	17.68	5.46	3.09	15.12
	江苏省	11.51	3.56	3.28	15.64
	浙江省	15.88	4.91	3.30	15.70
	合计	45.08	13.93	3.21	15.45

图 4-10 显示了 2008 年、2015 年和 2018 年长三角两省一市 R&D 经费支出。图中显示，两省一市的各类高等学校 R&D 经费支出都处于增长态势，且增幅相当。

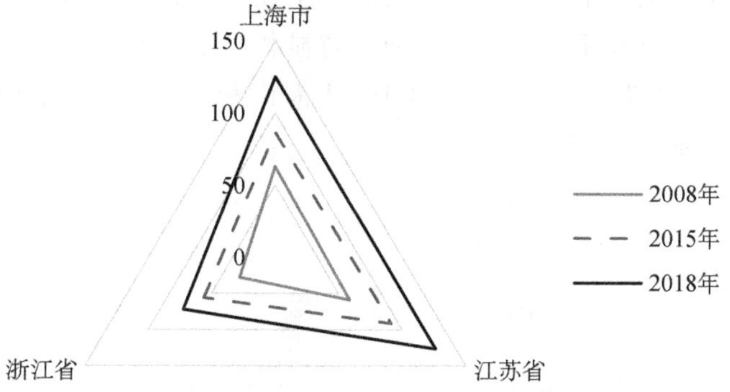

（a）高等学校

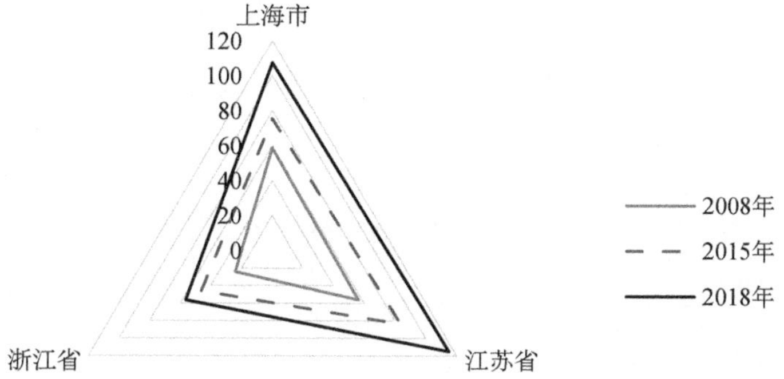

（b）理工农医类高等学校

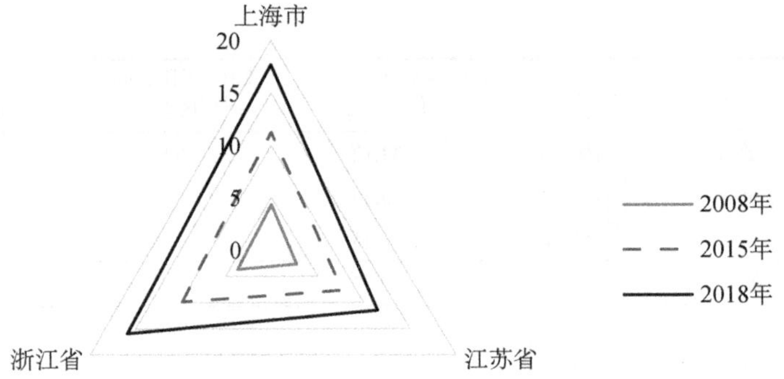

(c) 人文社科类高等学校

图 4-10　2008 年、2015 年、2018 年长三角两省一市高等学校 R&D 经费支出（单位：亿元）

2018 年，长三角两省一市高等学校平均 R&D 经费支出为 107.91 亿元，其中，上海市和江苏省高于平均水平；理工农医类高等学校平均 R&D 经费支出为 92.88 亿元，其中，上海市和江苏省高于平均水平，浙江省显著低于平均水平；人文社科类高等学校平均 R&D 经费支出为 15.03 亿元，其中，上海市和浙江省高于平均水平，而江苏省低于平均水平，如图 4-11 所示。

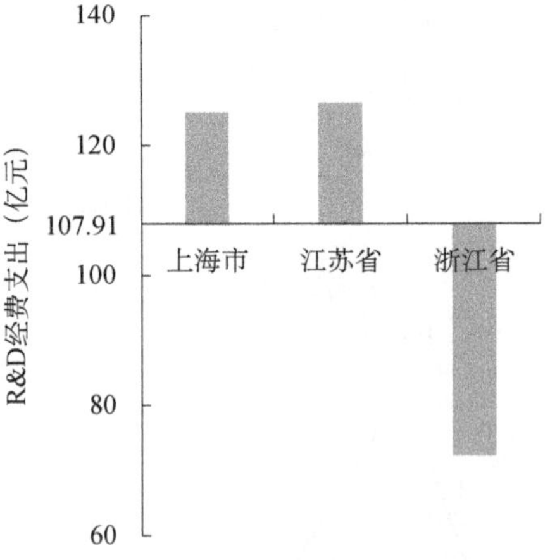

(a) 高等学校

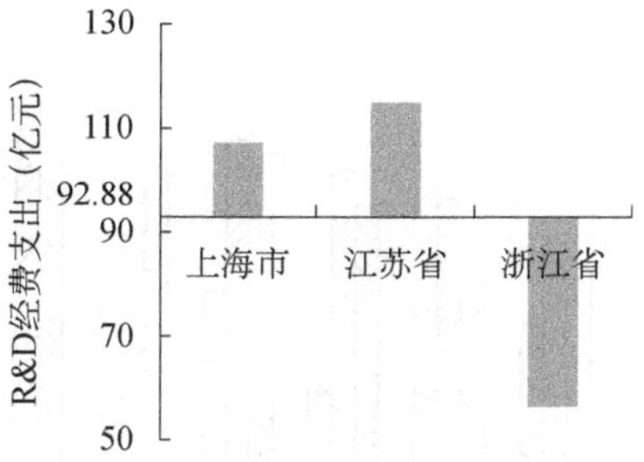

（b）理工农医类高等学校

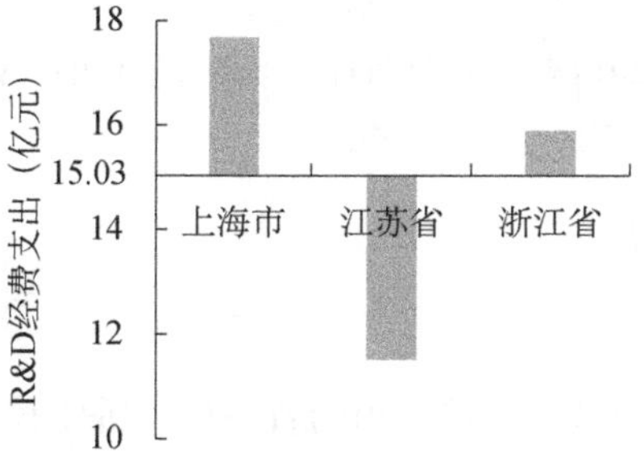

（c）人文社科类高等学校

图 4-11　2018 年长三角两省一市高等学校 R&D 经费支出与平均值比较

4.3.2　从增速看发展

2008～2018 年，长三角两省一市高等学校的 R&D 经费支出稳中有增，由 2008 年的 149.70 亿元增长到 2018 年的 323.72 亿元，增长了 1.16 倍，年均增长率为 8.02%。其中，上海市增长了 0.98 倍，年均增长率为 7.09%；江苏省增长了 1.15 倍，年均增长率为 7.94%；浙江省增长了 1.60 倍，年均增长率为 10.03%，如表 4-10 和图 4-12 所示。

如图 4-12 所示，2009～2018 年，长三角两省一市高等学校的 R&D 经费支出均保持了总体上稳定增长的趋势。2009 年以来，江苏省高等学校的 R&D 经费支出一直稳居长三角两省一市首位；浙江省高等学校的 R&D 经费支出显著低于上海市和江苏省。

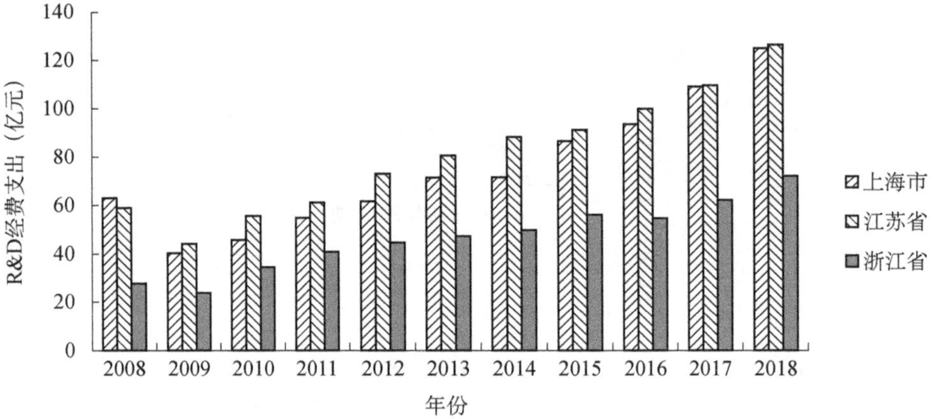

图 4-12　2008～2018 年长三角两省一市高等学校的 R&D 经费支出变化

4.3.3　从构成看特征

表 4-11 列出了 2008～2018 年长三角两省一市高等学校的 R&D 经费支出。可以看出，两省一市之间存在一定差异，但单纯的总量衡量往往不能全面地反映区域的实际情况。因此，可以通过其在全国的占比来反映地区高等学校 R&D 经费在全国的水平，从构成的角度更全面地审视长三角两省一市高等学校在 R&D 经费支出方面的状况。表 4-12 列出了 2008～2018 年长三角两省一市高等学校合计 R&D 经费支出占全国比重，除 2008 年达 25.24%外，比重稳定在 22%～24%，没有显著的上升或下降趋势。

表 4-11　2008～2018 年长三角两省一市高等学校 R&D 经费支出（单位：亿元）

类别	地区	2008 年	2009 年	2010 年	2011 年	2012 年	2013 年
高等学校	上海市	62.99	40.23	45.80	54.83	61.70	71.50
	江苏省	58.87	44.20	55.66	61.13	73.04	80.74
	浙江省	27.83	23.91	34.55	40.81	44.72	47.28
理工农医类高等学校	上海市	58.67	35.33	40.05	47.52	53.55	62.22
	江苏省	56.18	41.40	51.96	56.54	67.06	74.14
	浙江省	24.14	18.60	28.10	32.52	35.93	38.18
人文社科类高等学校	上海市	4.32	4.90	5.74	7.30	8.14	9.27
	江苏省	2.69	2.80	3.70	4.60	5.98	6.60
	浙江省	3.70	5.31	6.45	8.29	8.79	9.10

续表

类别	地区	2014 年	2015 年	2016 年	2017 年	2018 年
高等学校	上海市	71.60	86.65	93.61	109.20	124.91
	江苏省	88.44	91.39	100.00	109.58	126.44
	浙江省	49.76	56.14	54.65	62.19	72.36
理工农医类高等学校	上海市	62.49	75.40	81.63	94.51	107.23
	江苏省	81.45	83.71	91.98	99.75	114.93
	浙江省	40.42	46.30	43.06	48.05	56.48
人文社科类高等学校	上海市	9.11	11.25	11.98	14.68	17.68
	江苏省	6.98	7.68	8.02	9.83	11.51
	浙江省	9.33	9.84	11.60	14.13	15.88

表 4-12　2008～2018 年长三角两省一市高等学校合计 R&D 经费支出占全国比重

年份	长三角两省一市合计（亿元）	全国（亿元）	占全国比重（%）
2008	149.70	593.06	25.24
2009	108.33	468.17	23.14
2010	136.00	597.30	22.77
2011	156.77	688.85	22.76
2012	179.46	780.56	22.99
2013	199.52	856.71	23.29
2014	209.80	898.15	23.36
2015	234.18	998.59	23.45
2016	248.27	1072.24	23.15
2017	280.97	1265.96	22.19
2018	323.72	1457.88	22.20

4.4　R&D 课题数

R&D 课题数能够反映高等学校科技创新的发展规模、配置情况和变化情况，且一般而言与科技产出呈现正相关关系。本节的 R&D 课题数指普通高等学校的研究与开发课题数量，所有高等学校、理工农医类高等学校以及人文社科类高等学校的统计数据将分别列出。因为城市级别数据缺失（各城市统计年鉴未统计此指标）以及时间数据缺失［部分省（直辖市）最早只公布了2008年的统计数据］，为具有可比性，本节仅选取2008～2018年上海市、江苏省和浙江省的R&D课题数来作描述性统计，本节数据来自《中国科技统计年鉴》。

4.4.1 从数字看态势

2018年，长三角两省一市高等学校的R&D课题数为214 342项。其中，上海市为62 717项，占比为29.26%；江苏省为77 219项，占比为36.03%；浙江省为74 406项，占比为34.71%，如表4-13所示。理工农医类高等学校的R&D课题数合计113 535项，占总数的52.97%。其中，上海市为37 619项，占比为17.55%；江苏省为41 428项，占比为19.33%；浙江省为34 488项，占比为16.09%。人文社科类高等学校的R&D课题数合计100 807项，占总数的47.03%。其中，上海市为25 098项，占比为11.71%；江苏省为35 791项，占比为16.70%；浙江省为39 918项，占比为18.62%。

表4-13 2018年长三角两省一市高等学校R&D课题数及其增长

类别	地区	2018年R&D课题数		2018年比2008年增长倍数（倍）	2008～2018年年均增长率（%）
		总数（项）	占比（%）		
高等学校	上海市	62 717	29.26	1.10	7.68
	江苏省	77 219	36.03	1.73	10.55
	浙江省	74 406	34.71	1.34	8.88
	合计	214 342	100.00	1.38	9.06
理工农医类高等学校	上海市	37 619	17.55	1.19	8.16
	江苏省	41 428	19.33	1.37	8.99
	浙江省	34 488	16.09	0.98	7.06
	合计	113 535	52.97	1.18	8.10
人文社科类高等学校	上海市	25 098	11.71	0.97	7.02
	江苏省	35 791	16.70	2.31	12.71
	浙江省	39 918	18.62	1.79	10.79
	合计	100 807	47.03	1.66	10.28

图4-13显示了2008年、2015年、2018年长三角两省一市高等学校R&D课题数。图中显示，各地区的各类高等学校R&D课题数都处于增长态势。其中，江苏省高等学校的R&D课题数增长较快，上海市人文社科类高等学校的R&D课题数增幅显著小

于江苏省和浙江省。

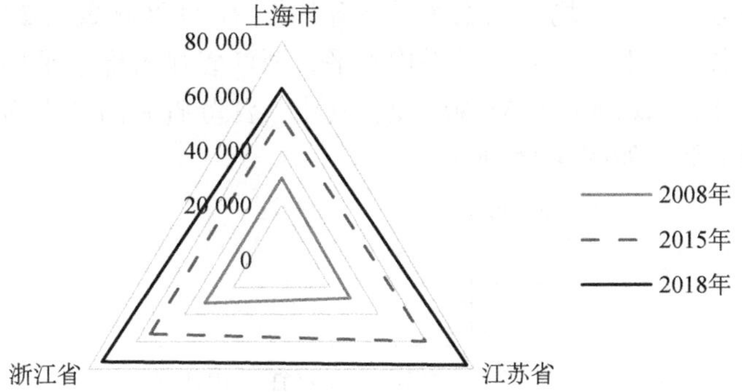

（a）高等学校

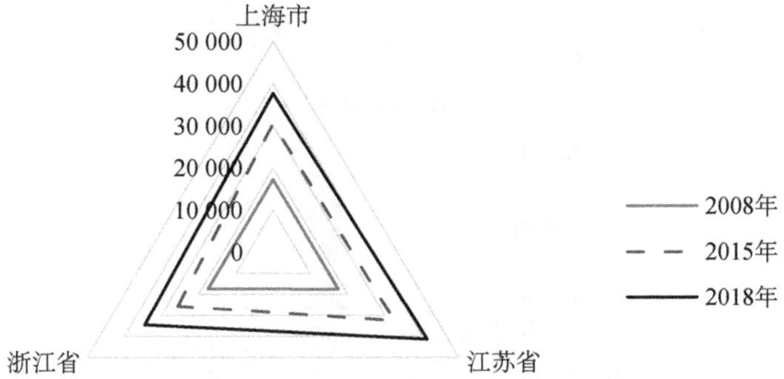

（b）理工农医类高等学校

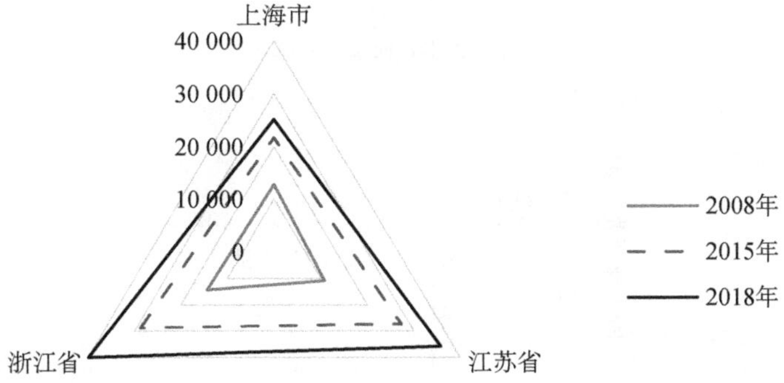

（c）人文社科类高等学校

图 4-13　2008 年、2015 年、2018 年长三角两省一市高等学校 R&D 课题数（单位：项）

2018 年，长三角两省一市平均高等学校 R&D 课题数为 71 447 项，其中，江苏省和浙江省高于平均水平；平均理工农医类高等学校 R&D 课题数为 37 845 项，其中，江苏省高于平均水平，上海市略低于平均水平，浙江省显著低于平均水平；平均人文社科类高等学校 R&D 课题数为 33 602 项，其中，江苏省和浙江省高于平均水平，而上海市低于平均水平，如图 4-14 所示。

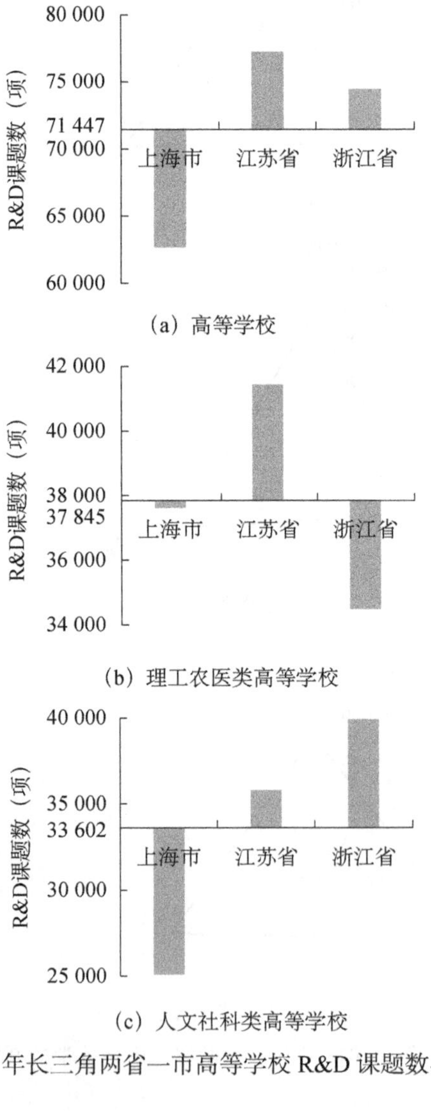

图 4-14　2018 年长三角两省一市高等学校 R&D 课题数与平均值比较

4.4.2 从增速看发展

2008～2018 年，长三角两省一市高等学校的 R&D 课题数保持较快增长态势，由 2008 年的 90 007 项增长到 2018 年的 214 342 项，增长了 1.38 倍，年均增长率为 9.06%。其中，上海市增长了 1.10 倍，年均增长率为 7.68%；江苏省增长了 1.73 倍，年均增长率为 10.55%；浙江省增长了 1.34 倍，年均增长率为 8.88%，如表 4-13 和图 4-15 所示。

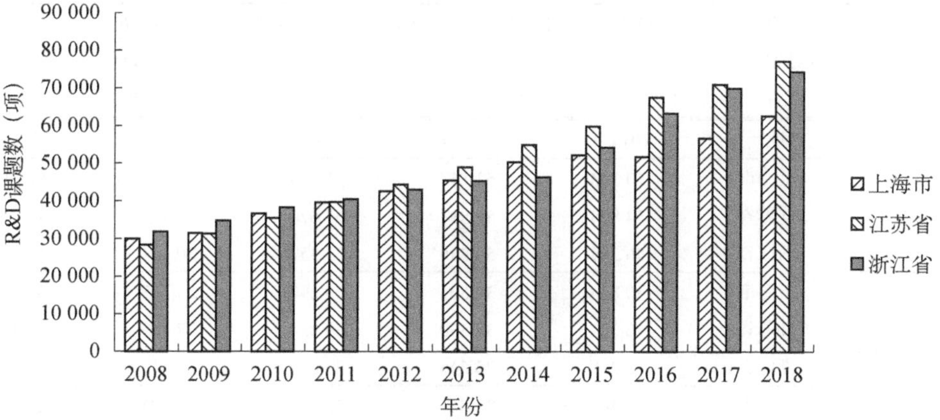

图 4-15　2008～2018 年长三角两省一市高等学校的 R&D 课题数变化

如图 4-15 所示，2008～2018 年长三角两省一市高等学校的 R&D 课题数均保持了总体上稳定增长的趋势。2008～2011 年，江苏省高等学校的 R&D 课题数低于上海市与浙江省，而于 2012 年超过上海市和浙江省，居长三角两省一市首位。

4.4.3 从构成看特征

表 4-14 列出了 2008～2018 年长三角两省一市高等学校的 R&D 课题数。可以看出，两省一市之间存在一定差异，但单纯的总量衡量往往不能全面地反映区域的实际情况。因此，可以通过其在全国的占比来反映地区高等学校 R&D 课题在全国的水平，从构成的角度更全面地审视长三角两省一市高等学校在开展 R&D 课题方面的状况。表 4-15 列出了 2008～2018 年长三角两省一市高等学校合计 R&D 课题数占全国比重，比重稳定在 19%～21%，2008～2013 年呈轻微的下降趋势，而后在 20%上下小幅波动。

表 4-14　2008～2018 年长三角两省一市高等学校的 R&D 课题数（单位：项）

类别	地区	2008 年	2009 年	2010 年	2011 年	2012 年	2013 年
高等学校	上海市	29 916	31 468	36 656	39 629	42 572	45 473
	江苏省	28 327	31 307	35 481	39 700	44 383	48 980
	浙江省	31 764	34 765	38 269	40 501	43 049	45 285
理工农医类高等学校	上海市	17 176	18 537	21 665	23 053	24 396	26 861
	江苏省	17 511	19 069	21 760	24 180	24 990	27 365
	浙江省	17 432	18 550	19 250	18 799	21 349	22 390
人文社科类高等学校	上海市	12 740	12 931	14 991	16 576	18 176	18 612
	江苏省	10 816	12 238	13 721	15 520	19 393	21 615
	浙江省	14 332	16 215	19 019	21 702	21 700	22 895

类别	地区	2014 年	2015 年	2016 年	2017 年	2018 年
高等学校	上海市	50 323	52 167	51 743	56 674	62 717
	江苏省	54 894	59 887	67 670	70 982	77 219
	浙江省	46 285	54 236	63 357	70 024	74 406
理工农医类高等学校	上海市	30 854	30 501	29 290	33 197	37 619
	江苏省	30 727	32 560	39 034	37 869	41 428
	浙江省	22 388	25 546	29 038	33 133	34 488
人文社科类高等学校	上海市	19 469	21 666	22 453	23 477	25 098
	江苏省	24 167	27 327	28 636	33 113	35 791
	浙江省	23 897	28 690	34 319	36 891	39 918

表 4-15　2008～2018 年长三角两省一市高等学校合计 R&D 课题数占全国比重

年份	长三角两省一市合计（项）	全国（项）	占全国比重（%）
2008	90 007	429 096	20.98
2009	97 540	476 708	20.46
2010	110 406	547 717	20.16
2011	119 830	604 107	19.84
2012	130 004	657 027	19.79
2013	139 738	711 010	19.65
2014	151 502	766 731	19.76
2015	166 290	841 520	19.76
2016	182 770	894 279	20.44
2017	197 680	966 780	20.45
2018	214 342	1 076 903	19.90

4.5 科技产出

科技产出能够较好地衡量研究与开发活动的强度和动态，是高等学校创新成果的直接体现。本节针对高等学校的科技产出采用了三种衡量指标，分别是发表科技论文数、出版科技著作数和申请专利数，所有高等学校、理工农医类高等学校以及人文社科类高等学校的统计数据将分别列出。因为城市级别数据缺失（各城市统计年鉴未统计此指标）以及时间数据缺失［部分省（直辖市）最早只公布了2009年的数据］，为具有可比性，本节仅选取上海市、江苏省和浙江省的科技产出数据来作描述性统计，三个指标的时间跨度均为2009～2018年，本节数据均来自《中国科技统计年鉴》。

4.5.1 从数字看态势

2018年，长三角两省一市高等学校发表科技论文数合计276 093篇。其中，上海市为89 017篇，占比为32.24%；江苏省为131 706篇，占比为47.70%；浙江省为55 370篇，占比为20.05%，如表4-16所示。理工农医类高等学校发表科技论文数合计211 014篇，占总数的76.43%。其中，上海市为71 225篇，占比为25.80%；江苏省为101 418篇，占比为36.73%；浙江省为38 371篇，占比为13.90%。人文社科类高等学校发表科技论文数合计65 079篇，占总数的23.57%。其中，上海市为17 792篇，占比为6.44%；江苏省为30 288篇，占比为10.97%；浙江省为16 999篇，占比为6.16%。

表4-16　2018年长三角两省一市高等学校发表科技论文数及其增长

类别	地区	2018年发表科技论文数		2018年比2009年增长倍数（倍）	2009～2018年年均增长率（%）
		总数（篇）	占比（%）		
高等学校	上海市	89 017	32.24	0.23	2.33
	江苏省	131 706	47.70	0.57	5.12
	浙江省	55 370	20.05	0.24	2.44
	合计	276 093	100.00	0.37	3.59

续表

类别	地区	2018年发表科技论文数		2018年比2009年增长倍数（倍）	2009～2018年年均增长率（%）
		总数（篇）	占比（%）		
理工农医类高等学校	上海市	71 225	25.80	0.39	3.76
	江苏省	101 418	36.73	0.62	5.50
	浙江省	38 371	13.90	0.23	2.33
	合计	211 014	76.43	0.46	4.26
人文社科类高等学校	上海市	17 792	6.44	−0.16	−1.95
	江苏省	30 288	10.97	0.41	3.92
	浙江省	16 999	6.16	0.27	2.71
	合计	65 079	23.57	0.16	1.67

2018年，长三角两省一市高等学校出版科技著作数合计7531种。其中，上海市为2563种，占比为34.03%；江苏省为2868种，占比为38.08%；浙江省为2100种，占比为27.88%，如表4-17所示。理工农医类高等学校出版科技著作数合计2087种，占总数的27.71%。其中，上海市为521种，占比为6.92%；江苏省为1100种，占比为14.61%；浙江省为466种，占比为6.19%。人文社科类高等学校出版科技著作数合计5444种，占总数的72.29%。其中，上海市为2042种，占比为27.11%；江苏省为1768种，占比为23.48%；浙江省为1634种，占比为21.70%。

表4-17　2018年长三角两省一市高等学校出版科技著作数及其增长

类别	地区	2018年出版科技著作数		2018年比2009年增长倍数（倍）	2009～2018年年均增长率（%）
		总数（种）	占比（%）		
高等学校	上海市	2563	34.03	−0.19	−2.25
	江苏省	2868	38.08	0.06	0.66
	浙江省	2100	27.88	0.21	2.18
	合计	7531	100.00	−0.01	−0.07
理工农医类高等学校	上海市	521	6.92	−0.08	−0.92
	江苏省	1100	14.61	−0.05	−0.51
	浙江省	466	6.19	0.08	0.85
	合计	2087	27.71	−0.03	−0.33
人文社科类高等学校	上海市	2042	27.11	−0.21	−2.56
	江苏省	1768	23.48	0.14	1.47
	浙江省	1634	21.70	0.26	2.59
	合计	5444	72.29	0.00	0.03

2018 年，长三角两省一市高等学校申请专利数合计 81 668 件。其中，上海市为 12 613 件，占比为 15.44%；江苏省为 47 383 件，占比为 58.02%；浙江省为 21 672 件，占比为 26.54%，如表 4-18 所示。理工农医类高等学校申请专利数合计 80 196 件，占总数的 98.20%。其中，上海市为 12 278 件，占比为 15.03%；江苏省为 46 399 件，占比为 56.81%；浙江省为 21 519 件，占比为 26.35%。人文社科类高等学校申请专利数合计 1472 件，占总数的 1.80%。其中，上海市为 335 件，占比为 0.41%；江苏省为 984 件，占比为 1.20%；浙江省为 153 件，占比为 0.19%。

表 4-18　2018 年长三角两省一市高等学校申请专利数及其增长

类别	地区	2018 年申请专利数		2018 年比 2009 年增长倍数（倍）	2009～2018 年年均增长率（%）
		总数（件）	占比（%）		
高等学校	上海市	12 613	15.44	1.19	9.07
	江苏省	47 383	58.02	4.02	19.63
	浙江省	21 672	26.54	2.70	15.64
	合计	81 668	100.00	2.87	16.24
理工农医类高等学校	上海市	12 278	15.03	1.13	8.75
	江苏省	46 399	56.81	4.96	21.94
	浙江省	21 519	26.35	2.69	15.62
	合计	80 196	98.20	3.14	17.09
人文社科类高等学校	上海市	335	0.41	110.67	68.87
	江苏省	984	1.20	−0.41	−5.67
	浙江省	153	0.19	3.94	19.41
	合计	1 472	1.80	−0.13	−1.57

图 4-16 显示了 2009 年、2015 年、2018 年长三角两省一市高等学校发表科技论文数。图中显示，两省一市高等学校发表科技论文数都处于增长态势。其中，与上海市和浙江省相比，江苏省高等学校发表科技论文数增长较快；上海市人文社科类高等学校发表科技论文数持续缩小。

图 4-17 显示了 2009 年、2015 年、2018 年长三角两省一市出版科技著作数。图中显示，浙江省高等学校出版科技著作数有所增长，而上海市高等学校出版科技著作数有所下降。其中，上海市和浙江省理工农医类高等学校出版科技著作数变化不大；上海市人文社科类高等学校出版科技著作数呈现减少趋势，而浙江省人文社科类高等学校出版科技著作数呈现增长趋势。

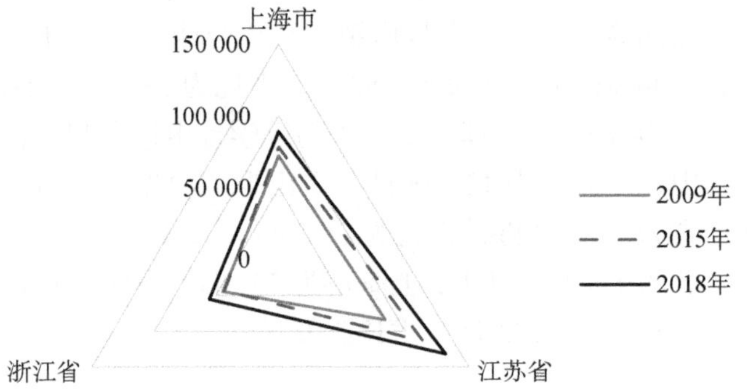

（a）高等学校

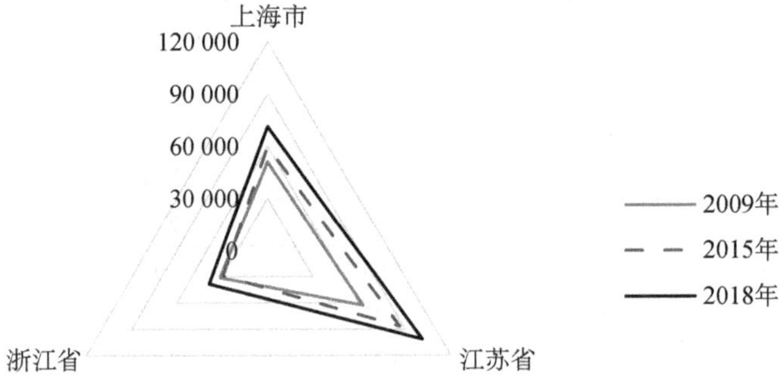

（b）理工农医类高等学校

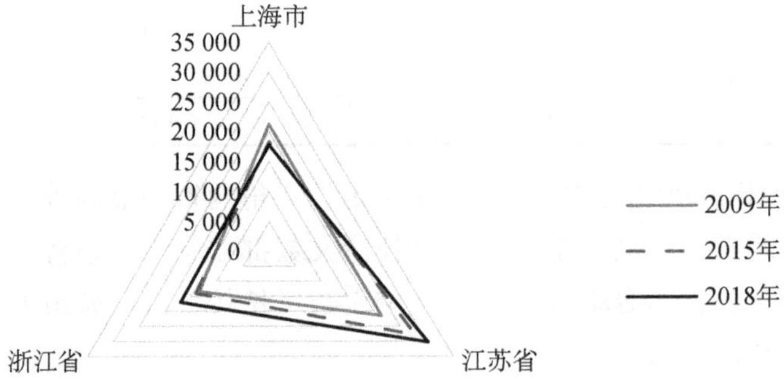

（c）人文社科类高等学校

图 4-16　2009 年、2015 年、2018 年长三角两省一市高等学校发表科技论文数（单位：篇）

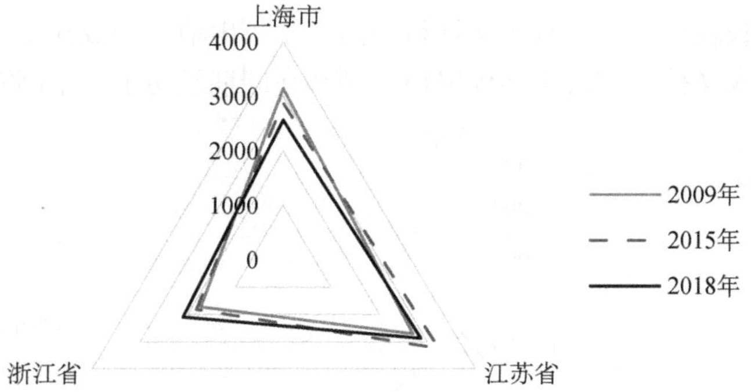

（a）高等学校

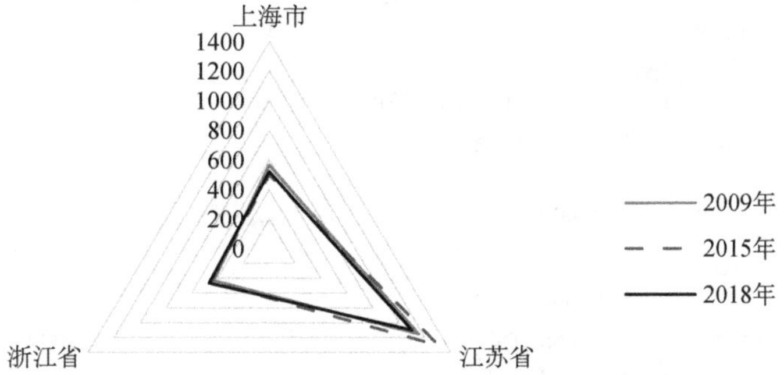

（b）理工农医类高等学校

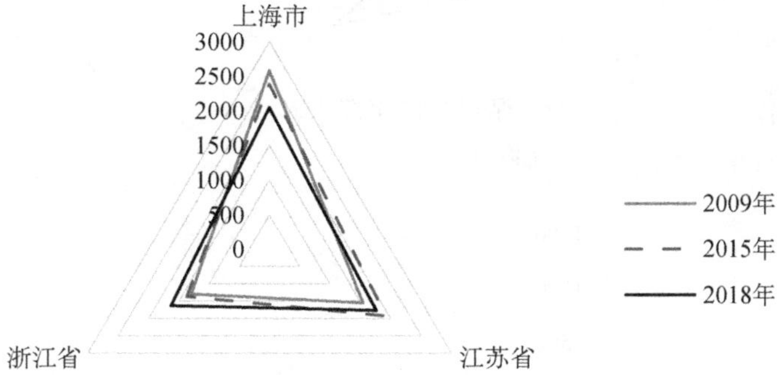

（c）人文社科类高等学校

图 4-17　2009 年、2015 年、2018 年长三角两省一市高等学校出版科技著作数（单位：种）

图 4-18 显示了 2009 年、2015 年、2018 年长三角两省一市高等学校申请专利数。图中显示，各地区高等学校申请专利数都处于增长态势。其中，江苏省和浙江省高等学

校申请专利数增长较快；江苏省人文社科类高等学校申请专利数在 2015 年经历了一个低谷，而浙江省人文社科类高等学校申请专利数在同期经历了一个高峰。

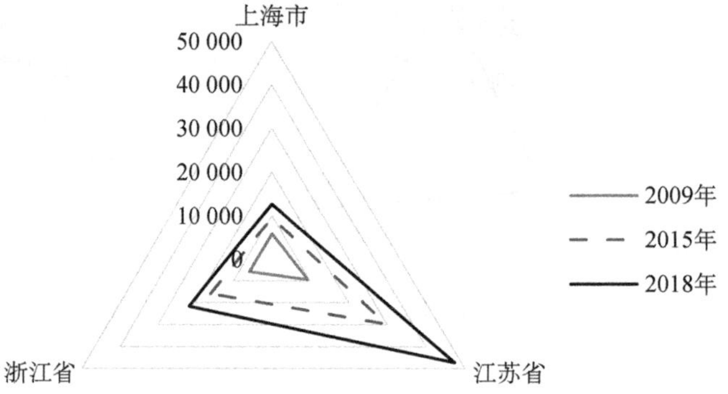

（a）高等学校

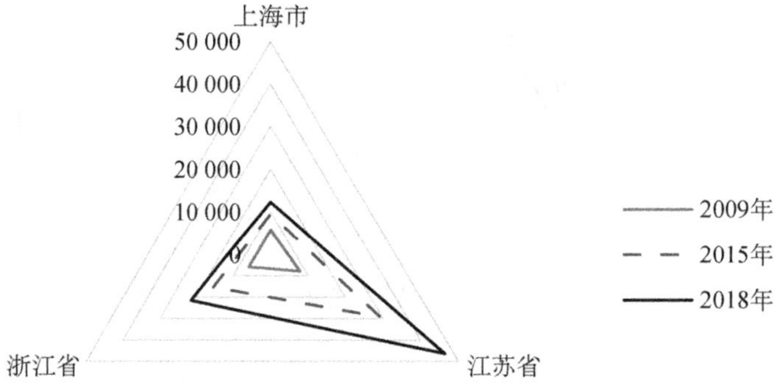

（b）理工农医类高等学校

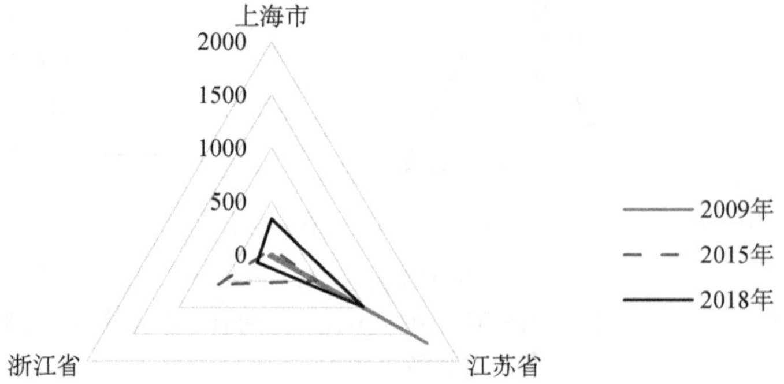

（c）人文社科类高等学校

图 4-18　2009 年、2015 年、2018 年长三角两省一市高等学校申请专利数（单位：件）

2018 年，长三角两省一市平均高等学校发表科技论文数为 92 031 篇，其中，江苏省高于平均水平，上海市和浙江省低于平均水平；平均理工农医类高等学校发表科技论文数为 70 338 篇，其中，上海市和江苏省高于平均水平，浙江省低于平均水平；平均人文社科类高等学校发表科技论文数为 21 693 篇，其中，江苏省高于平均水平，上海市和浙江省低于平均水平，如图 4-19 所示。

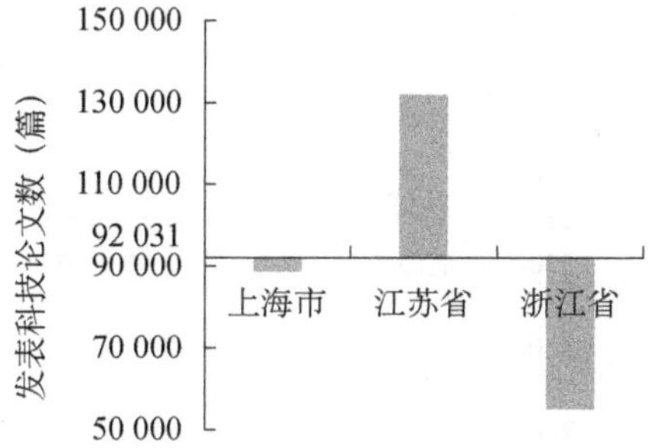

（a）高等学校

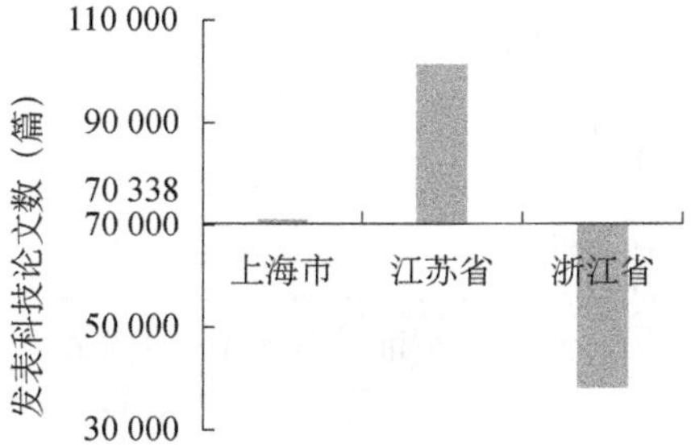

（b）理工农医类高等学校

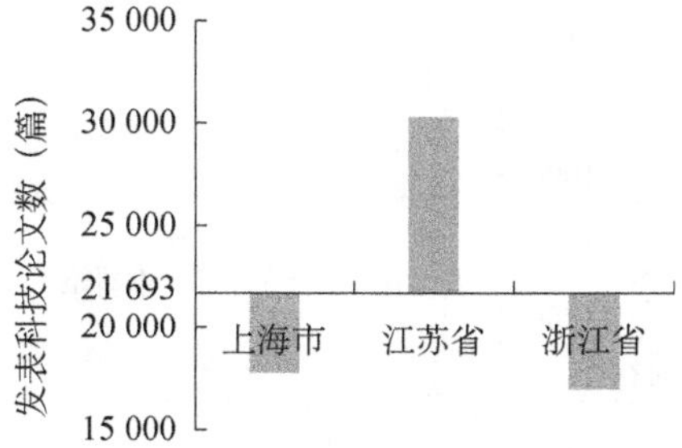

（c）人文社科类高等学校

图 4-19　2018 年长三角两省一市高等学校发表科技论文数与平均值比较

2018 年，长三角两省一市平均高等学校出版科技著作数为 2510 种，其中，上海市和江苏省高于平均水平，浙江省低于平均水平；平均理工农医类高等学校出版科技著作数为 696 种，其中，江苏省高于平均水平，上海市和浙江省低于平均水平；平均人文社科类高等学校出版科技著作数为 1815 种，其中，上海市高于平均水平，江苏省和浙江省低于平均水平，如图 4-20 所示。

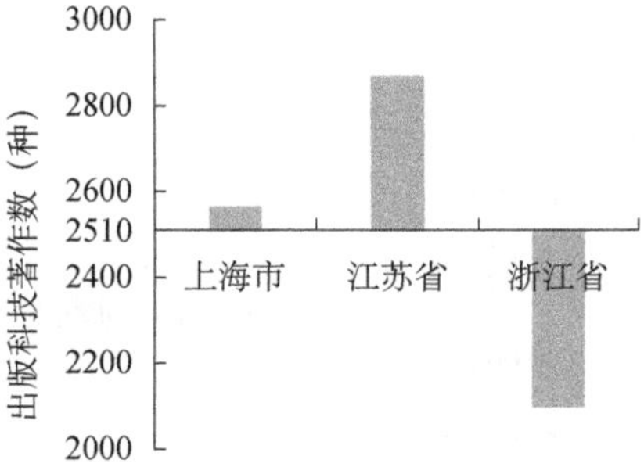

（a）高等学校

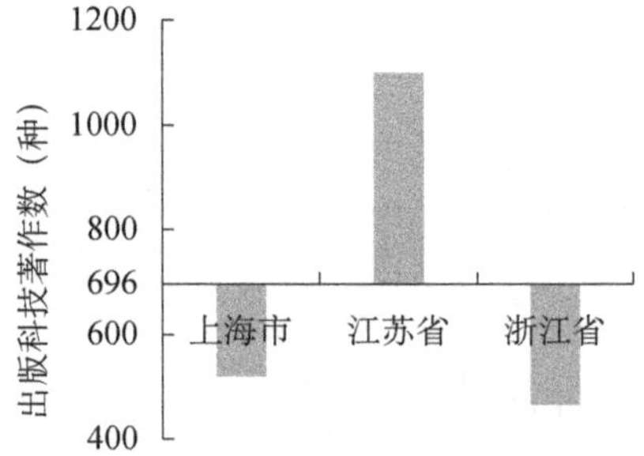

（b）理工农医类高等学校

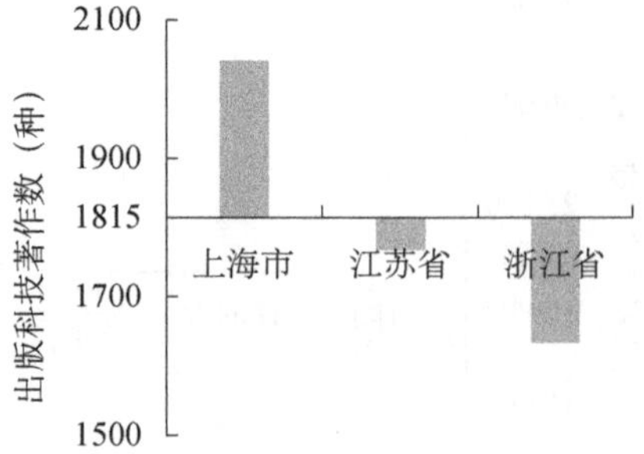

（c）人文社科类高等学校

图 4-20　2018 年长三角两省一市高等学校出版科技著作数与平均值比较

2018年，长三角两省一市平均高等学校申请专利数为27 223件，其中，江苏省高于平均水平；平均理工农医类高等学校申请专利数为26 732件，其中，江苏省高于平均水平，上海市和浙江省低于平均水平；平均人文社科类高等学校申请专利数为491件，其中，江苏省高于平均水平，上海市和浙江省低于平均水平，如图4-21所示。

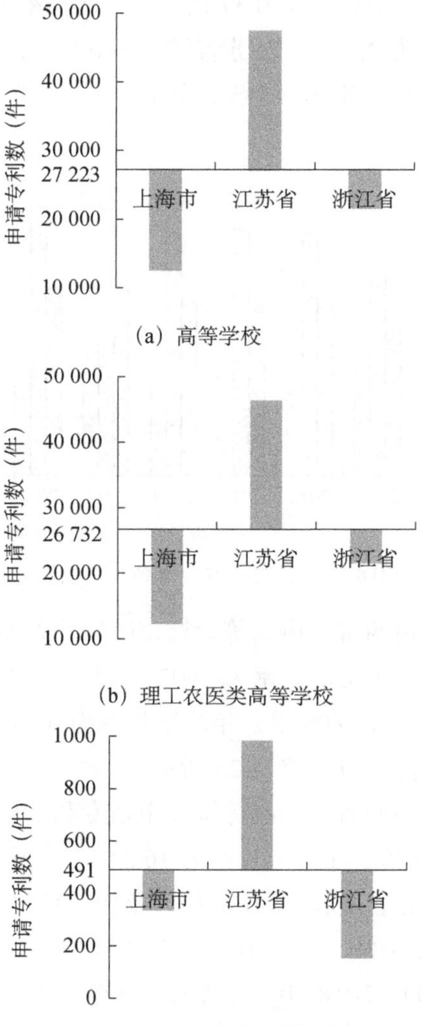

(a) 高等学校

(b) 理工农医类高等学校

(c) 人文社科类高等学校

图4-21　2018年长三角两省一市高等学校申请专利数与平均值比较

4.5.2 从增速看发展

2009～2018 年，长三角两省一市高等学校发表科技论文数呈平稳增长态势，由 200 959 篇增长到 276 093 篇，增长了 0.37 倍，年均增长率为 3.59%。其中，上海市增长了 0.23 倍，年均增长率为 2.33%；江苏省增长了 0.57 倍，年均增长率为 5.12%；浙江省增长了 0.24 倍，年均增长率为 2.44%，如表 4-16 和图 4-22 所示。

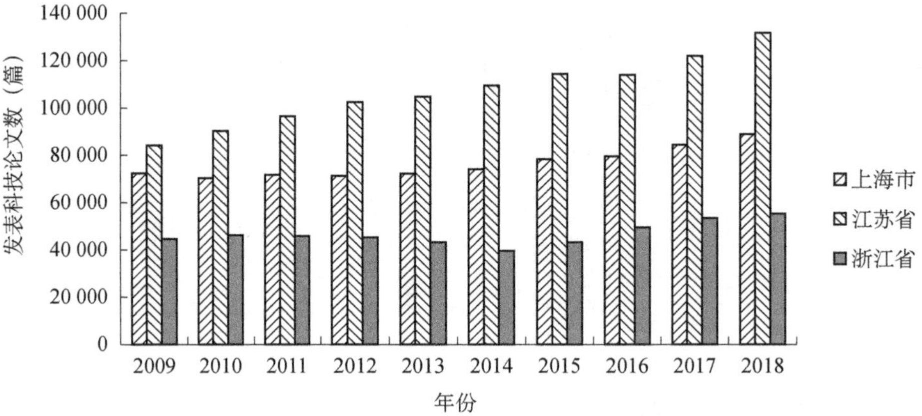

图 4-22 2009～2018 年长三角两省一市高等学校发表科技论文数变化

2009～2018 年，长三角两省一市高等学校出版科技著作数基本保持稳定，由 7579 种到 7531 种，减少了 1%，年均增长率为-0.07%。其中，上海市减少了 19%，年均增长率为-2.25%；江苏省增长了 0.06 倍，年均增长率为 0.66%；浙江省增长了 0.21 倍，年均增长率为 2.18%，如表 4-17 和图 4-23 所示。

2009～2018 年，长三角两省一市高等学校申请专利数快速增长，由 21 077 件增长到 81 668 件，增长了 2.87 倍，年均增长率为 16.24%。其中，上海市增长了 1.19 倍，年均增长率为 9.07%；江苏省增长了 4.02 倍，年均增长率为 19.63%；浙江省增长了 2.70 倍，年均增长率为 15.64%，如表 4-18 和图 4-24 所示。

如图 4-22 所示，2009～2018 年，江苏省高等学校发表科技论文数保持了稳定的增长趋势，上海市和浙江省高等学校发表科技论文数在 2014 年后呈增长趋势。江苏省高等学校发表科技论文数稳居长三角两省一市首位。

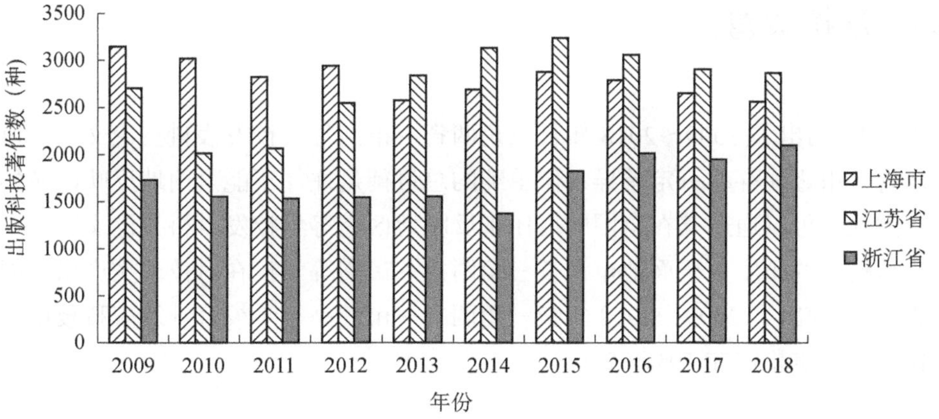

图 4-23　2009～2018 年长三角两省一市高等学校出版科技著作数变化

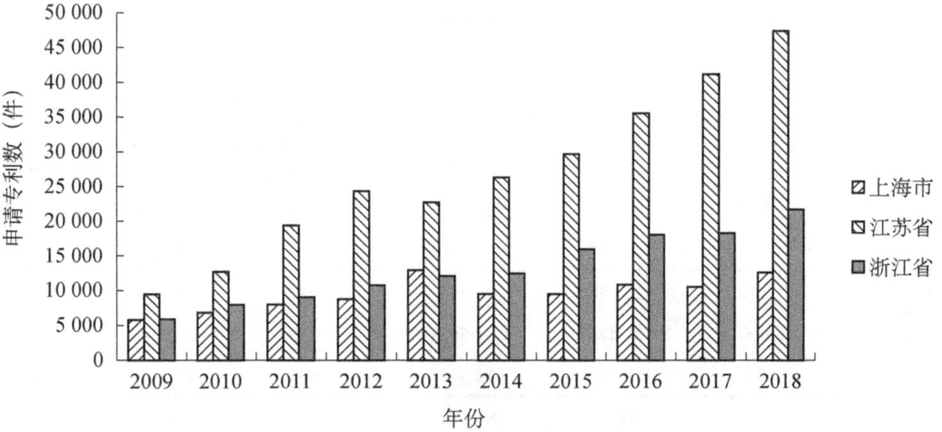

图 4-24　2009～2018 年长三角两省一市高等学校申请专利数变化

如图 4-23 所示，2009～2018 年，长三角两省一市高等学校出版科技著作数总体上较为稳定，江苏省高等学校出版科技著作数在 2010～2011 年与其他年份相比较小。2013 年及之后，江苏省高等学校出版科技著作数超过上海市，居长三角两省一市首位，浙江省高等学校出版科技著作数持续少于上海市和江苏省。

如图 4-24 所示，2009～2018 年，浙江省高等学校申请专利数保持了稳定增长的趋势，上海市高等学校申请专利数在 2014 年有所下降后保持增长态势，江苏省高等学校申请专利数在 2013 年有所下降后保持增长态势。2009～2018 年，江苏省高等学校申请专利数稳居长三角两省一市首位。

4.5.3 从构成看特征

表 4-19 列出了 2009～2018 年长三角两省一市高等学校发表科技论文数。可以看出，两省一市之间存在一定差异，但单纯的总量衡量往往不能全面地反映区域的实际情况。因此，可以通过其在全国的占比来反映地区高等学校发表科技论文数在全国的水平，从构成的角度更全面地审视长三角两省一市高等学校在科技论文产出方面的状况。表 4-20 列出了 2009～2018 年长三角两省一市的高等学校合计发表科技论文数占全国比重，比重稳定在 19%～20%。

表 4-19　2009～2018 年长三角两省一市高等学校发表科技论文数

类别	地区	2009 年	2010 年	2011 年	2012 年	2013 年
高等学校	上海市	72 344	70 290	71 669	71 343	72 225
	江苏省	84 062	90 125	96 551	102 482	104 738
	浙江省	44 553	46 236	45 876	45 385	43 374
理工农医类高等学校	上海市	51 094	49 835	51 696	52 399	54 079
	江苏省	62 636	68 563	75 298	77 244	79 321
	浙江省	31 187	31 896	31 273	32 471	31 363
人文社科类高等学校	上海市	21 250	20 455	19 973	18 944	18 146
	江苏省	21 426	21 562	21 253	25 238	25 417
	浙江省	13 366	14 340	14 603	12 914	12 011

类别	地区	2014 年	2015 年	2016 年	2017 年	2018 年
高等学校	上海市	74 108	78 275	79 481	84 386	89 017
	江苏省	109 495	114 407	114 057	121 988	131 706
	浙江省	39 632	43 304	49 592	53 471	55 370
理工农医类高等学校	上海市	56 302	59 957	61 943	67 020	71 225
	江苏省	81 844	86 525	86 037	92 944	101 418
	浙江省	28 334	29 246	33 724	37 257	38 371
人文社科类高等学校	上海市	17 806	18 318	17 538	17 366	17 792
	江苏省	27 651	27 882	28 020	29 044	30 288
	浙江省	11 298	14 058	15 868	16 214	16 999

表 4-20　2009～2018 年长三角两省一市高等学校合计发表科技论文数占全国比重

年份	长三角两省一市合计（篇）	全国（篇）	占全国比重（%）
2009	200 959	1 016 345	19.77
2010	206 651	1 062 512	19.45
2011	214 096	1 109 965	19.29
2012	219 210	1 117 742	19.61
2013	220 337	1 127 210	19.55
2014	223 235	1 152 147	19.38
2015	235 986	1 220 467	19.34
2016	243 130	1 267 881	19.18
2017	259 845	1 308 110	19.86
2018	276 093	1 389 912	19.86

表 4-21 列出了 2009～2018 年长三角两省一市高等学校出版科技著作数。可以看出，两省一市之间存在一定差异，但单纯的总量衡量往往不能全面地反映区域的实际情况。因此，可以通过其在全国的占比来反映地区高等学校出版科技著作数在全国的水平，从构成的角度更全面地审视长三角两省一市高等学校在科技著作产出方面的状况。表 4-22 列出了 2009～2018 年长三角两省一市高等学校合计出版科技著作数占全国比重，比重稳定在 16%～19%，且略有下降。

表 4-21　2009～2018 年长三角两省一市高等学校出版科技著作数

类别	地区	2009 年	2010 年	2011 年	2012 年	2013 年
高等学校	上海市	3146	3020	2822	2940	2576
	江苏省	2703	2017	2066	2546	2840
	浙江省	1730	1549	1533	1546	1553
理工农医类高等学校	上海市	566	527	477	586	425
	江苏省	1152	679	689	886	1108
	浙江省	432	276	251	362	332
人文社科类高等学校	上海市	2580	2493	2345	2354	2151
	江苏省	1551	1338	1377	1660	1732
	浙江省	1298	1273	1282	1184	1221

续表

类别	地区	2014 年	2015 年	2016 年	2017 年	2018 年
高等学校	上海市	2690	2877	2789	2648	2563
	江苏省	3131	3236	3055	2903	2868
	浙江省	1374	1822	2013	1949	2100
理工农医类高等学校	上海市	433	499	520	498	521
	江苏省	1232	1309	1230	1058	1100
	浙江省	242	450	533	414	466
人文社科类高等学校	上海市	2257	2378	2269	2150	2042
	江苏省	1899	1927	1825	1845	1768
	浙江省	1132	1372	1480	1535	1634

表 4-22　2009～2018 年长三角两省一市高等学校合计出版科技著作数占全国比重

年份	长三角两省一市合计（种）	全国（种）	占全国比重（%）
2009	7 579	40 919	18.52
2010	6 586	38 101	17.29
2011	6 421	37 472	17.14
2012	7 032	38 760	18.14
2013	6 969	37 866	18.40
2014	7 195	39 326	18.30
2015	7 935	43 136	18.40
2016	7 857	44 518	17.65
2017	7 500	45 591	16.45
2018	7 531	44 794	16.81

表 4-23 列出了 2009～2018 年长三角两省一市高等学校申请专利数。可以看出，两省一市之间存在一定差异，但单纯的总量衡量往往不能全面地反映区域的实际情况。因此，可以通过其在全国的占比来反映地区高等学校申请专利数在全国的水平，从构成的角度更全面地审视长三角两省一市高等学校在专利产出方面的状况。表 4-24 列出了 2009～2018 年长三角两省一市高等学校合计申请专利数占全国比重，占比由 2009 年的 37.21%缓慢上升至 2012 年的 38.67%，而后逐年下降至 2017 年 25.23%，2018 年维持在略高于 25%的水平。

表 4-23　2009～2018 年长三角两省一市高等学校申请专利数

类别	地区	2009 年	2010 年	2011 年	2012 年	2013 年
高等学校	上海市	5 772	6 828	8 003	8 770	12 900
	江苏省	9 445	12 694	19 413	24 340	22 721
	浙江省	5 860	7 950	9 053	10 750	12 085
理工农医类高等学校	上海市	5 769	6 740	7 901	8 670	12 792
	江苏省	7 781	10 581	14 994	20 454	20 493
	浙江省	5 829	7 278	8 569	10 193	11 825
人文社科类高等学校	上海市	3	88	102	100	108
	江苏省	1 664	2 113	4 419	3 886	2 228
	浙江省	31	672	484	557	260

类别	地区	2014 年	2015 年	2016 年	2017 年	2018 年
高等学校	上海市	9 503	9 507	10 848	10 517	12 613
	江苏省	26 291	29 665	35 507	41 190	47 383
	浙江省	12 488	15 949	18 063	18 319	21 672
理工农医类高等学校	上海市	9 438	9 455	10 774	10 240	12 278
	江苏省	25 094	29 172	34 446	38 841	46 399
	浙江省	12 205	15 384	17 900	18 212	21 519
人文社科类高等学校	上海市	65	52	74	277	335
	江苏省	1 197	493	1 061	2 349	984
	浙江省	283	565	163	107	153

表 4-24　2009～2018 年长三角两省一市高等学校合计申请专利数占全国比重

年份	长三角两省一市合计（件）	全国（件）	占全国比重（%）
2009	21 077	56 641	37.21
2010	27 472	72 744	37.77
2011	36 469	95 592	38.15
2012	43 860	113 430	38.67
2013	47 706	133 865	35.64
2014	48 282	149 961	32.20
2015	55 121	190 351	28.96
2016	64 418	236 665	27.22
2017	70 026	277 524	25.23
2018	81 668	320 790	25.46

5 专利指标

5.1 专利申请量

专利是科技创新的成果转化，是衡量国家或地区科技创新能力的重要指标，其中，专利申请量指专利机构受理技术发明申请专利的数量，是发明专利申请量、实用新型专利申请量和外观设计专利申请量之和，能够反映技术发展活动是否活跃，以及发明人是否有谋求专利保护的积极性。因为时间数据缺失（2008 年前部分城市数据缺失），为具有可比性，本节选取 2008～2018 年长三角核心区 16 个城市的专利申请量进行描述性统计，该数据来自各城市统计局发布的统计年鉴。

5.1.1 从数字看态势

2018 年，长三角核心区合计完成专利申请量 993 082 件。其中，上海市为 150 233 件，占比为 15.13%；江苏地区为 499 778 件，占比为 50.33%；浙江地区为 343 071 件，占比为 34.55%，如表 5-1 所示。16 个城市中，上海市以 150 233 件列第一位，舟山市以 3784 件列最后一位。江苏地区 8 个城市的专利申请量占长三角核心区的一半以上。

表 5-1 2018 年长三角核心区 16 个城市专利申请量及其增长

地区	2018 年专利申请量		2018 年比 2008 年增长倍数（倍）	2008～2018 年年均增长率（%）
	总额（件）	占比（%）		
上海市	150 233	15.13	1.84	11.02
南京市	99 020	9.97	7.47	23.82
苏州市	135 862	13.68	1.80	10.84
扬州市	42 792	4.31	5.99	21.46
镇江市	29 635	2.98	3.04	14.98
泰州市	35 131	3.54	6.51	22.34
无锡市	62 681	6.31	4.75	19.12
常州市	41 858	4.21	3.58	16.43
南通市	52 799	5.32	2.74	14.11
杭州市	98 396	9.91	4.30	18.16
宁波市	72 954	7.35	3.51	16.26

续表

地区	2018 年专利申请量		2018 年比 2008 年增长倍数（倍）	2008～2018 年年均增长率（%）
	总额（件）	占比（%）		
湖州市	37 284	3.75	6.63	22.53
嘉兴市	47 864	4.82	7.98	24.55
舟山市	3 784	0.38	9.54	26.56
绍兴市	47 094	4.74	1.53	9.71
台州市	35 695	3.59	2.95	14.72
上海市	150 233	15.13	1.84	11.02
江苏地区	499 778	50.33	3.44	16.08
浙江地区	343 071	34.55	3.70	16.74
合计	993 082	100.00	3.17	15.34

图 5-1 显示了 2008 年、2015 年、2018 年长三角核心区 16 个城市专利申请量。图中显示，各城市的专利申请量都处于增长态势，未出现规模萎缩的城市。2018 年，上海市、苏州市、南京市、杭州市、宁波市、无锡市列前六位。

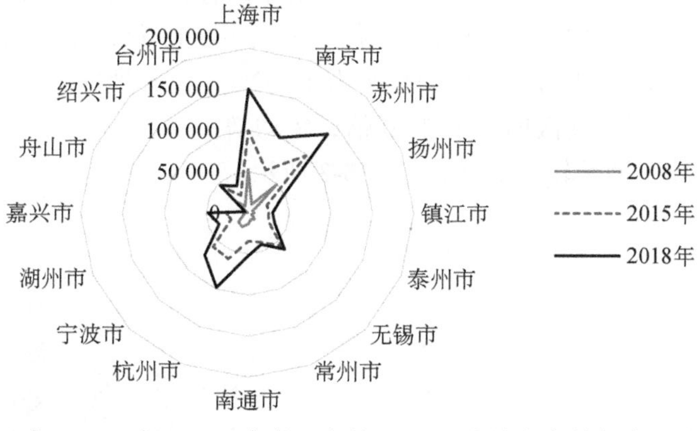

图 5-1　2008 年、2015 年、2018 年长三角核心区 16 个城市专利申请量（单位：件）

2018 年，长三角核心区 16 个城市平均专利申请量为 62 068 件。其中，上海市，江苏地区的南京市、苏州市、无锡市，以及浙江地区的杭州市、宁波市 6 个城市高于平均水平，其余 10 个城市低于平均水平，如图 5-2 所示。高于平均水平的 6 个城市的专利申请量占长三角核心区专利申请量总额的 62.35%。

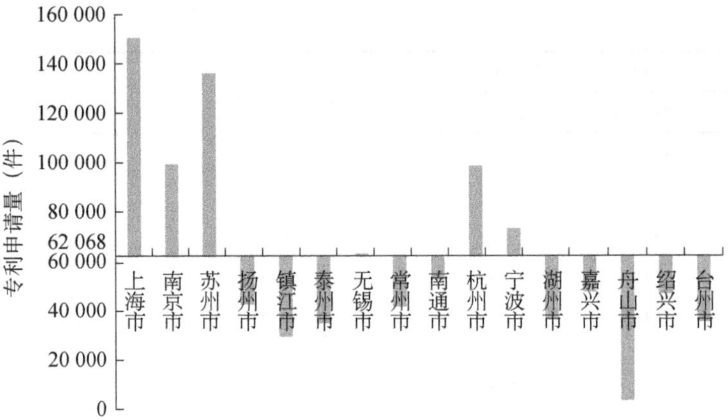

图 5-2　2018 年长三角核心区专利申请量与平均值比较

5.1.2　从增速看发展

进入 2008 年，长三角核心区的专利申请量保持着较快的增长势头，总额由 2008 年的 238 362 件增长到 2018 年的 993 082 件，增长了 3.17 倍，年均增长率为 15.34%。其中，上海市增长了 1.84 倍，年均增长率为 11.02%；江苏地区增长了 3.44 倍，年均增长率为 16.08%；浙江地区增长了 3.70 倍，年均增长率为 16.74%，如表 5-1 所示。江苏地区和浙江地区增长较为显著，如图 5-3 所示。

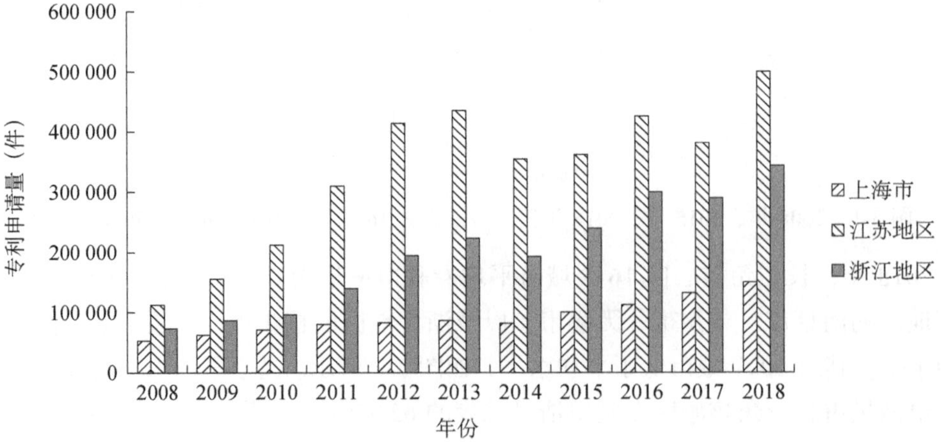

图 5-3　2008～2018 年上海市、江苏地区、浙江地区专利申请量变化

2008 年以来，上海市专利申请量保持着比较稳定的增长格局，江苏地区和浙江地区专利申请量在 2014 年、2017 年下降，随后一年上升。江苏地区专利申请量稳居长三角核心区首位。从城市排名来看，2008 年名列首位的上海市是名列末位的舟山市的 147.17 倍，至 2018 年缩小为 39.70 倍。

5.1.3 从构成看特征

长三角核心区 16 个城市的专利申请量存在一定差异，如表 5-2 所示，但单纯的总量衡量往往不能全面地反映区域的实际情况。因此，可通过年度每万人专利申请增加值，从构成的角度来审视专利申请量状况。表 5-3 表明，2018 年长三角核心区 16 个城市每万人专利申请增加值存在明显的差异。其中，南通市每万人专利申请增加值列第一位。

表 5-2 2008～2018 年长三角核心区 16 个城市专利申请量 （单位：件）

城市	2008 年	2009 年	2010 年	2011 年	2012 年	2013 年
上海市	52 835	62 241	71 196	80 215	82 682	86 450
南京市	11 692	14 220	19 275	31 055	42 732	54 784
苏州市	48 558	61 336	77 194	102 164	139 965	141 076
扬州市	6 124	7 468	9 980	14 459	18 996	22 825
镇江市	7 339	8 608	10 406	15 316	19 235	28 255
泰州市	4 677	6 265	7 890	15 103	24 177	25 626
无锡市	10 899	23 683	32 690	51 520	79 873	80 271
常州市	9 146	12 116	15 872	23 413	39 391	41 705
南通市	14 106	21 904	38 707	56 421	49 924	40 771
杭州市	18 549	26 077	29 732	40 890	53 785	58 280
宁波市	16 173	22 738	26 399	47 582	73 647	83 334
湖州市	4 887	6 030	7 221	9 534	12 656	12 656
嘉兴市	5 328	7 661	9 271	11 662	16 078	22 199
舟山市	359	403	579	1 504	2 200	2 483
绍兴市	18 647	14 768	12 294	15 670	22 023	27 651
台州市	9 043	8 806	10 436	12 471	14 111	16 956

城市	2014 年	2015 年	2016 年	2017 年	2018 年
上海市	81 664	100 006	112 371	131 746	150 233
南京市	56 108	56 099	65 198	75 406	99 020

续表

城市	2014 年	2015 年	2016 年	2017 年	2018 年
苏州市	103 249	98 704	106 700	113 694	135 862
扬州市	22 709	24 814	27 043	32 638	42 792
镇江市	25 179	24 903	34 260	33 539	29 635
泰州市	26 933	26 878	31 598	16 864	35 131
无锡市	54 519	56 964	71 673	52 252	62 681
常州市	37 833	38 559	43 860	33 973	41 858
南通市	27 692	34 770	45 557	22 961	52 799
杭州市	48 569	60 839	73 546	75 709	98 396
宁波市	58 530	58 779	68 244	62 104	72 954
湖州市	19 886	21 822	23 271	28 808	37 284
嘉兴市	23 818	26 339	32 208	33 029	47 864
舟山市	3 418	3 799	3 544	10 887	3 784
绍兴市	28 173	45 059	70 942	51 107	47 094
台州市	10 570	23 144	27 921	28 071	35 695

表 5-3　2018 年长三角核心区 16 个城市每万人专利申请增加值

城市	专利申请增加值（件）	专利申请量（件）	总人口（万人）	每万人专利申请增加值（件/万人）
上海市	18 487	150 233	2 423.78	7.63
南京市	23 614	99 020	843.62	27.99
苏州市	22 168	135 862	1 072.17	20.68
扬州市	10 154	42 792	453.10	22.41
镇江市	−3 904	29 635	319.64	−12.21
泰州市	18 267	35 131	463.57	39.41
无锡市	10 429	62 681	657.50	15.86
常州市	7 885	41 858	472.86	16.68
南通市	29 838	52 799	731.00	40.82
杭州市	22 687	98 396	980.60	23.14
宁波市	10 850	72 954	820.20	13.23
湖州市	8 476	37 284	302.70	28.00
嘉兴市	14 835	47 864	472.60	31.39
舟山市	−7 103	3 784	117.30	−60.55
绍兴市	−4 013	47 094	503.50	−7.97
台州市	7 624	35 695	613.90	12.42

5.2 专利授权量

专利授权量指报告期内由专利机构授予专利权的专利件数，是发明专利授权量、实用新型专利授权量和外观设计专利授权量之和。专利的授权需要经过专利机构的审核，因此专利授权量能够直观地反映国家或地区的创新能力。因为2008年前部分城市数据缺失，为具有可比性，本节选取2008～2018年长三角核心区16个城市的专利授权量进行描述性统计，该数据来自各城市统计局发布的统计年鉴。

5.2.1 从数字看态势

2018年，长三角核心区合计完成专利授权量558 539件。其中，上海市为92 460件，占比为16.55%；江苏地区为256 870件，占比为45.99%；浙江地区为209 209件，占比为37.46%，如表5-4所示。16个城市中，上海市以92 460件列第一位，舟山市以2216件列最后一位。江苏地区8个城市的专利授权量占长三角核心区的40%以上。

表5-4　2018年长三角核心区16个城市专利授权量及其增长

地区	2018年专利授权量		2018年比2008年增长倍数（倍）	2008～2018年年均增长率（%）
	总额（件）	占比（%）		
上海市	92 460	16.55	2.78	14.22
南京市	44 081	7.89	8.15	24.78
苏州市	75 837	13.58	3.15	15.30
扬州市	22 804	4.08	10.38	27.54
镇江市	15 348	2.75	4.95	19.52
泰州市	15 633	2.80	9.27	26.23
无锡市	35 255	6.31	6.01	21.50
常州市	23 334	4.18	8.20	24.85
南通市	24 578	4.40	4.99	19.61
杭州市	55 379	9.91	4.63	18.87
宁波市	44 777	8.02	3.53	16.31

续表

地区	2018年专利授权量		2018年比2008年增长倍数（倍）	2008～2018年年均增长率（%）
	总额（件）	占比（%）		
湖州市	18 672	3.34	7.06	23.20
嘉兴市	24 589	4.40	6.77	22.76
舟山市	2 216	0.40	8.72	25.53
绍兴市	37 288	6.68	2.33	12.79
台州市	26 288	4.71	4.46	18.51
上海市	92 460	16.55	2.78	14.22
江苏地区	256 870	45.99	5.29	20.18
浙江地区	209 209	37.46	4.05	17.58
合计	558 539	100.00	4.23	18.00

图 5-4 显示了 2008 年、2015 年、2018 年长三角核心区 16 个城市专利授权量。图中显示，宁波市的专利授权量 2018 年比 2015 年减少，出现规模萎缩，其余各城市的专利授权量都处于增长态势，未出现规模萎缩。2018 年，上海市、苏州市、杭州市、宁波市、南京市、绍兴市列前六位。

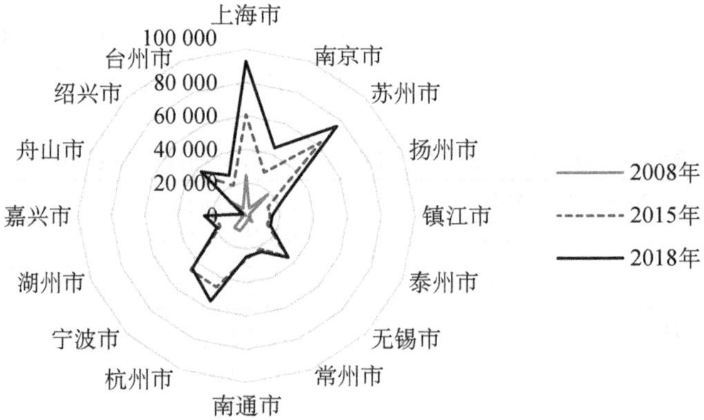

图 5-4　2008 年、2015 年、2018 年长三角核心区 16 个城市专利授权量（单位：件）

2018 年，长三角核心区 16 个城市平均专利授权量为 34 909 件。其中，上海市，江苏地区的南京市、苏州市、无锡市，以及浙江地区的杭州市、宁波市、绍兴市 7 个城市高于平均水平，其余 9 个城市低于平均水平，如图 5-5 所示。高于平均水平的 7 个城市的专利授权量占长三角核心区专利授权量的 68.94%。

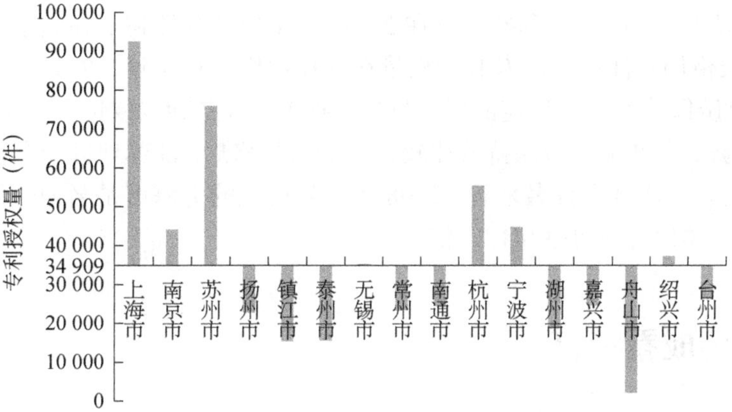

图 5-5　2018 年长三角核心区专利授权量与平均值比较

5.2.2　从增速看发展

进入 2008 年，长三角核心区的专利授权量保持着较快的增长势头，总额由 2008 年的 106 751 件增长到 2018 年的 558 539 件，增长了 4.23 倍，年均增长率为 18.00%。其中，上海市增长了 2.78 倍，年均增长率为 14.22%；江苏地区增长了 5.29 倍，年均增长率为 20.18%；浙江地区增长了 4.05 倍，年均增长率为 17.58%，如表 5-4 所示。江苏地区和浙江地区增长较显著，如图 5-6 所示。

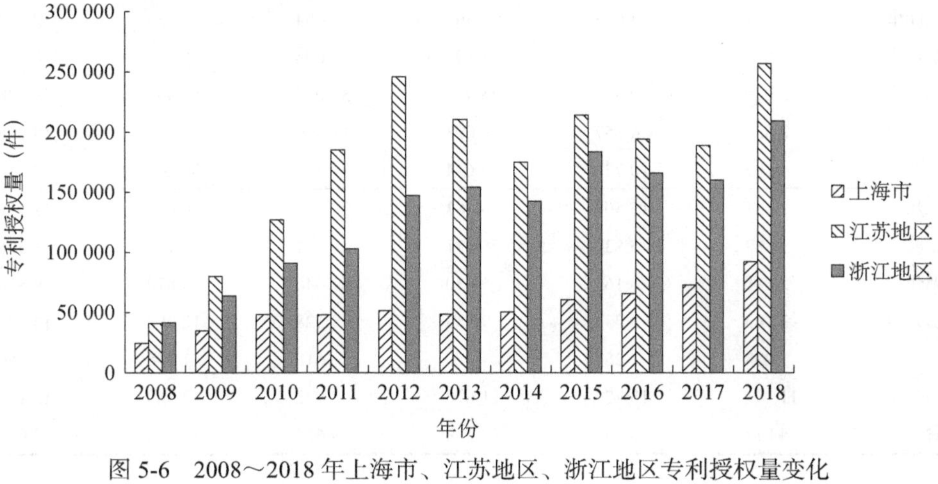

图 5-6　2008～2018 年上海市、江苏地区、浙江地区专利授权量变化

2008 年以来，上海市专利授权量在 2011 年和 2013 年下降，在其余年份保持着比较稳定的增长格局；江苏地区专利授权量在 2013 年、2014 年、2016 年和 2017 年下降，在其余年份保持着比较稳定的增长格局；浙江地区专利授权量在 2014 年、2016 年和 2017 年下降，在其余年份保持着比较稳定的增长格局。江苏地区专利授权量稳居长三角核心区首位。从城市排名来看，2008 年名列首位的上海市是名列末位的舟山市的 107.32 倍，至 2018 年缩小为 41.72 倍。

5.2.3 从构成看特征

长三角核心区 16 个城市的专利授权量存在一定差异，如表 5-5 所示，但单纯的总量衡量往往不能全面地反映区域的实际情况。因此，可通过年度每万人专利授权增加值，从构成的角度来审视专利授权量状况。表 5-6 表明，2018 年长三角核心区 16 个城市每万人专利授权增加值存在明显的差异。其中，绍兴市每万人专利授权增加值列第一位。

表 5-5 2008～2018 年长三角核心区 16 个城市专利授权量 （单位：件）

城市	2008 年	2009 年	2010 年	2011 年	2012 年	2013 年
上海市	24 468	34 913	48 215	47 960	51 508	48 680
南京市	4 816	6 591	9 150	12 404	18 561	19 484
苏州市	18 270	39 288	46 109	77 281	98 430	81 666
扬州市	2 003	2 524	3 790	5 344	8 091	11 416
镇江市	2 581	4 064	6 562	7 404	9 235	9 809
泰州市	1 522	2 785	4 198	5 606	8 414	8 309
无锡市	5 028	9 364	25 448	34 077	51 442	39 828
常州市	2 536	4 857	9 093	11 390	15 379	18 207
南通市	4 102	10 722	22 644	31 335	36 245	22 086
杭州市	9 831	15 507	26 483	29 251	40 651	41 518
宁波市	9 882	15 837	25 971	37 342	59 175	58 406
湖州市	2 318	5 165	6 630	7 646	9 870	9 870
嘉兴市	3 163	5 234	9 283	9 528	12 008	14 942
舟山市	228	257	376	618	1 096	1 656
绍兴市	11 192	13 423	11 670	8 922	12 360	15 123
台州市	4 811	8 145	10 558	9 653	12 182	12 673

续表

城市	2014年	2015年	2016年	2017年	2018年
上海市	50 488	60 623	65 436	72 806	92 460
南京市	27 937	28 104	28 782	32 073	44 081
苏州市	54 709	62 263	53 528	53 223	75 837
扬州市	11 843	13 948	13 253	14 214	22 804
镇江市	12 707	14 136	13 836	14 825	15 348
泰州市	9 118	13 383	12 489	9 924	15 633
无锡市	27 937	34 776	29 865	28 926	35 255
常州市	18 152	21 585	17 790	16 423	23 334
南通市	12 391	25 970	24 337	19 057	24 578
杭州市	33 548	46 245	41 052	42 227	55 379
宁波市	43 286	46 088	40 792	36 993	44 777
湖州市	12 679	16 653	13 695	12 025	18 672
嘉兴市	17 456	18 789	19 957	18 244	24 589
舟山市	2 088	2 856	1 836	5 697	2 216
绍兴市	17 356	33 030	28 371	25 741	37 288
台州市	16 134	19 717	20 075	19 143	26 288

表 5-6　2018年长三角核心区16个城市每万人专利授权增加值

城市	专利授权增加值（件）	专利授权量（件）	总人口（万人）	每万人专利授权增加值（件/万人）
上海市	19 654	92 460	2 423.78	8.11
南京市	12 008	44 081	843.62	14.23
苏州市	22 614	75 837	1 072.17	21.09
扬州市	8 590	22 804	453.10	18.96
镇江市	523	15 348	319.64	1.64
泰州市	5 709	15 633	463.57	12.32
无锡市	6 329	35 255	657.50	9.63
常州市	6 911	23 334	472.86	14.62
南通市	5 521	24 578	731.00	7.55
杭州市	13 152	55 379	980.60	13.41
宁波市	7 784	44 777	820.20	9.49
湖州市	6 647	18 672	302.70	21.96
嘉兴市	6 345	24 589	472.60	13.43

续表

城市	专利授权增加值（件）	专利授权量（件）	总人口（万人）	每万人专利授权增加值（件/万人）
舟山市	−3 481	2 216	117.30	−29.68
绍兴市	11 547	37 288	503.50	22.93
台州市	7 145	26 288	613.90	11.64

5.3 发明专利授权量

发明专利是对产品、方法或者其改进所提出的新的技术方案，也是专利审核中最严格的专利分类。发明专利授权量是报告期内发明专利的授权数量，能够进一步直观地反映国家或地区的技术创新发展程度。因为2008年前部分城市数据缺失，为具有可比性，本节选取2008～2018年长三角核心区16个城市的发明专利授权量进行描述性统计，该数据来自各城市统计局发布的统计年鉴。

5.3.1 从数字看态势

2018年，长三角核心区合计完成发明专利授权量85 067件。其中，上海市为21 331件，占比为25.08%；江苏地区为37 301件，占比为43.85%；浙江地区为26 435件，占比为31.08%，如表5-7所示。16个城市中，上海市以21 331件列第一位，舟山市以508件列最后一位。江苏地区8个城市的发明专利授权量占长三角核心区的40%以上。

表5-7 2018年长三角核心区16个城市发明专利授权量及其增长

地区	2018年发明专利授权量		2018年比2008年增长倍数（倍）	2008～2018年年均增长率（%）
	总额（件）	占比（%）		
上海市	21 331	25.08	4.01	17.48
南京市	11 090	13.04	6.41	22.17
苏州市	10 845	12.75	15.81	32.61

续表

地区	2018 年发明专利授权量		2018 年比 2008 年增长倍数（倍）	2008～2018 年年均增长率（%）
	总额（件）	占比（%）		
扬州市	1 346	1.58	11.70	28.94
镇江市	2 790	3.28	19.36	35.17
泰州市	1 268	1.49	19.45	35.23
无锡市	4 963	5.83	10.65	27.83
常州市	2 759	3.24	10.74	27.93
南通市	2 240	2.63	17.36	33.78
杭州市	10 267	12.07	4.34	18.24
宁波市	5 302	6.23	9.50	26.51
湖州市	1 831	2.15	31.12	41.48
嘉兴市	2 506	2.95	33.33	42.42
舟山市	508	0.60	45.18	46.71
绍兴市	3 254	3.83	26.34	39.22
台州市	2 767	3.25	15.47	32.33
上海市	21 331	25.08	4.01	17.48
江苏地区	37 301	43.85	10.55	27.72
浙江地区	26 435	31.08	8.26	24.92
合计	85 067	100.00	7.22	23.45

图 5-7 显示了 2008 年、2015 年、2018 年长三角核心区 16 个城市发明专利授权量。图中显示，各城市的发明专利授权量都处于增长态势，未出现规模萎缩的城市。2018 年，上海市、南京市、苏州市、杭州市、宁波市、无锡市列前六位。

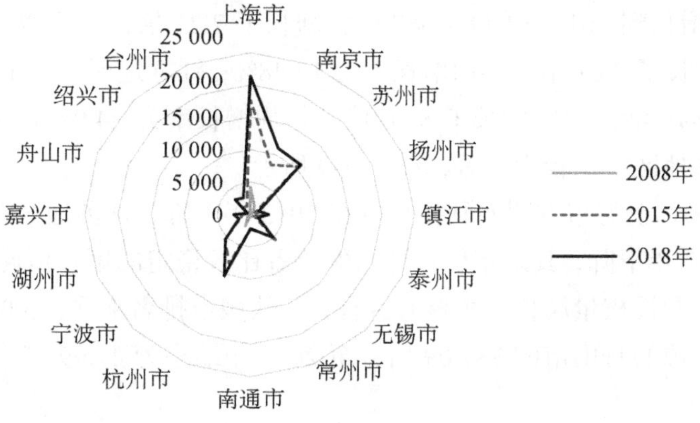

图 5-7　2008 年、2015 年、2018 年长三角核心区 16 个城市发明专利授权量（单位：件）

2018 年，长三角核心区 16 个城市平均发明专利授权量为 5317 件。其中，上海市，江苏地区的南京市、苏州市，以及浙江地区的杭州市 4 个城市高于平均水平，其余 12 个城市低于平均水平，如图 5-8 所示。高于平均水平的 4 个城市的发明专利授权量占长三角核心区专利申请量总额的 62.94%。

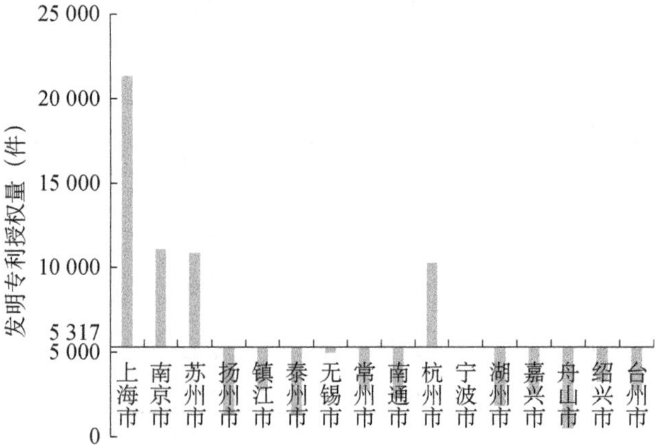

图 5-8　2018 年长三角核心区发明专利授权量与平均值比较

5.3.2　从增速看发展

进入 2008 年，长三角核心区发明专利授权量保持着较快的增长势头，总额由 2008 年的 10 344 件增长到 2018 年的 85 067 件，增长了 7.22 倍，年均增长率为 23.45%。其中，上海市增长了 4.01 倍，年均增长率为 17.48%；江苏地区增长了 10.55 倍，年均增长率为 27.72%；浙江地区增长了 8.26 倍，年均增长率为 24.92%，如表 5-7 所示。江苏地区和浙江地区增长较为显著，如图 5-9 所示。

2008 年以来，上海市发明专利授权量在 2013 年下降，江苏地区在 2017 年下降，浙江地区在 2013 年下降，其余年份各地区保持着比较稳定的增长格局。2011 年以来，江苏地区发明专利授权量居长三角核心区首位。从城市排名来看，2008 年名列首位的上海市是名列末位的舟山市的 387.09 倍，至 2018 年缩小为 41.99 倍。

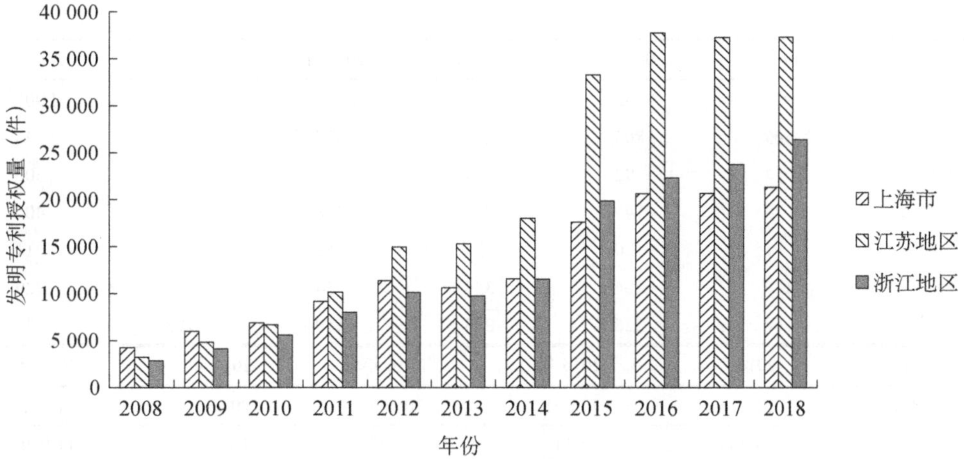

图 5-9　2008～2018 年上海市、江苏地区、浙江地区发明专利授权量变化

5.3.3　从构成看特征

长三角核心区 16 个城市的发明专利授权量存在一定差异，如表 5-8 所示，但单纯的总量衡量往往不能全面地反映区域的实际情况。因此，可通过年度每万人发明专利授权增加值，从构成的角度来审视发明专利授权量状况。表 5-9 表明，2018 年长三角核心区 16 个城市每万人发明专利授权增加值存在明显的差异。其中，绍兴市每万人发明专利授权增加值列第一位。

表 5-8　2008～2018 年长三角核心区 16 个城市发明专利授权量（单位：件）

城市	2008 年	2009 年	2010 年	2011 年	2012 年	2013 年
上海市	4 258	5 997	6 867	9 160	11 379	10 644
南京市	1 497	2 039	2 487	3 452	4 455	4 729
苏州市	645	1 030	1 370	2 492	4 309	4 413
扬州市	106	167	214	284	482	406
镇江市	137	206	405	597	964	874
泰州市	62	101	177	256	351	248
无锡市	426	728	1 147	1 821	2 512	2 713
常州市	235	399	559	744	1 188	1 173
南通市	122	159	294	508	700	746

续表

城市	2008 年	2009 年	2010 年	2011 年	2012 年	2013 年
杭州市	1 923	2 535	3 238	4 512	5 526	4 903
宁波市	505	803	1 209	1 625	2 065	2 246
湖州市	57	92	214	371	506	506
嘉兴市	73	149	267	358	490	407
舟山市	11	20	33	59	115	211
绍兴市	119	266	343	534	646	729
台州市	168	225	285	519	793	737

城市	2014 年	2015 年	2016 年	2017 年	2018 年
上海市	11 614	17 601	20 660	20 681	21 331
南京市	5 265	8 244	8 697	10 723	11 090
苏州市	5 264	10 488	13 267	11 618	10 845
扬州市	467	754	738	996	1 346
镇江市	1 274	2 797	2 942	2 693	2 790
泰州市	345	635	939	956	1 268
无锡市	2 801	5 480	5 583	4 825	4 963
常州市	1 696	2 664	2 865	2 830	2 759
南通市	932	2 217	2 725	2 630	2 240
杭州市	5 552	8 296	8 647	9 872	10 267
宁波市	2 832	5 412	5 669	5 382	5 302
湖州市	700	1 647	2 544	2 190	1 831
嘉兴市	546	1 184	1 654	1 850	2 506
舟山市	258	406	497	501	508
绍兴市	880	1 523	1 754	2 118	3 254
台州市	791	1 386	1 534	1 844	2 767

表 5-9　2018 年长三角核心区 16 个城市每万人发明专利授权增加值

城市	发明专利授权增加值（件）	发明专利授权量（件）	总人口（万人）	每万人发明专利授权增加值（件/万人）
上海市	650	21 331	2 423.78	0.27
南京市	367	11 090	843.62	0.44
苏州市	−773	10 845	1 072.17	−0.72
扬州市	350	1 346	453.10	0.77
镇江市	97	2 790	319.64	0.30

续表

城市	发明专利授权增加值（件）	发明专利授权量（件）	总人口（万人）	每万人发明专利授权增加值（件/万人）
泰州市	312	1 268	463.57	0.67
无锡市	138	4 963	657.50	0.21
常州市	−71	2 759	472.86	−0.15
南通市	−390	2 240	731.00	−0.53
杭州市	395	10 267	980.60	0.40
宁波市	−80	5 302	820.20	−0.10
湖州市	−359	1 831	302.70	−1.19
嘉兴市	656	2 506	472.60	1.39
舟山市	7	508	117.30	0.06
绍兴市	1 136	3 254	503.50	2.26
台州市	923	2 767	613.90	1.50

6 国家高新技术产业开发区

6.1 高新区企业数

1988 年国务院批准设立北京市新技术产业开发试验区之后，在各地已建立的高新技术产业开发区中，再选定武汉东湖新技术开发区等 26 个开发区作为国家高新技术产业开发区。时至 2018 年，高新区增至 157 家，依托知识与技术密集产业，实现科技成果向现实生产力的转化。高新区企业是高新技术产业成果转化的实施主体与创新活动的行为主体，长三角核心区城市高新区企业数量是了解长三角核心区高新区基本发展情况的重要抓手。本章数据来自历年《中国火炬统计年鉴》，2007 年之前无地级市数据，截至 2018 年舟山市、台州市尚未获批高新区，其余 14 个城市至 2015 年均陆续获批高新区，本章对其余 14 个城市高新区进行分析。国家对高新区的批复工作持续进行，长三角核心区于 2015 年新增 16 家高新区，且 2016～2018 年未新增高新区。由于到 2015 年长三角核心区 14 个城市才全部获批高新区，为避免因获批高新区数量突破零致使高新区企业数“激增”，本节中跨期比较的时间范围是 2015～2018 年，以确保统计分析的经济含义。本章其后各节同此。

6.1.1 从数字看态势

2018 年长三角核心区 14 个城市高新区企业数合计 22 688 家。其中，上海市高新区企业合计 6190 家，占长三角核心区的 27.28%；江苏地区合计 12 310 家，占比为 54.26%；浙江地区合计 4188 家，占比为 18.46%（表 6-1）。14 个城市中，上海市以 6190 家位列第一，苏州市以 5404 家位列第二，嘉兴市则以 148 家居末位。在江苏地区，苏州市、南京市与常州市分列前三位，江苏地区的 8 个城市占比达 54.26%。在浙江地区，杭州市位列第一，该市高新区企业数合计 2525 家，占比为 11.13%。

表 6-1　2018 年长三角核心区 14 个城市高新区企业数及其增长

地区	2018 年高新区企业数		2018 年比 2015 年增长倍数（倍）	2015～2018 年年均增长率（%）
	总数（家）	占比（%）		
上海市	6 190	27.28	0.55	15.83
常州市	1 900	8.37	0.32	9.76
南京市	2 085	9.19	2.88	57.08
南通市	416	1.83	0.10	3.15

续表

地区	2018 年高新区企业数		2018 年比 2015 年增长倍数（倍）	2015～2018 年年均增长率（%）
	总数（家）	占比（%）		
苏州市	5 404	23.82	1.89	42.46
泰州市	422	1.86	0.42	12.30
无锡市	1 423	6.27	−0.05	−1.81
扬州市	193	0.85	1.05	27.10
镇江市	467	2.06	0.82	22.03
杭州市	2 525	11.13	0.16	5.13
湖州市	278	1.23	0.36	10.69
嘉兴市	148	0.65	0.33	10.06
宁波市	884	3.90	0.60	17.07
绍兴市	353	1.56	0.38	11.45
上海市	6 190	27.28	0.55	15.83
江苏地区	12 310	54.26	0.93	24.53
浙江地区	4 188	18.46	0.27	8.32
合计	22 688	100.00	0.66	18.45

图 6-1 显示了 2008 年、2015 年、2018 年长三角核心区 14 个城市高新区企业数增长。图中可见，多数城市高新区企业数增加。2015～2018 年，从增长速度来看，南京市、苏州市高新区企业数显著增加，南京市以 57.08%的年均增长率在长三角核心区处于领先位置，苏州市以 42.46%的年均增长率同样明显超过其他城市。

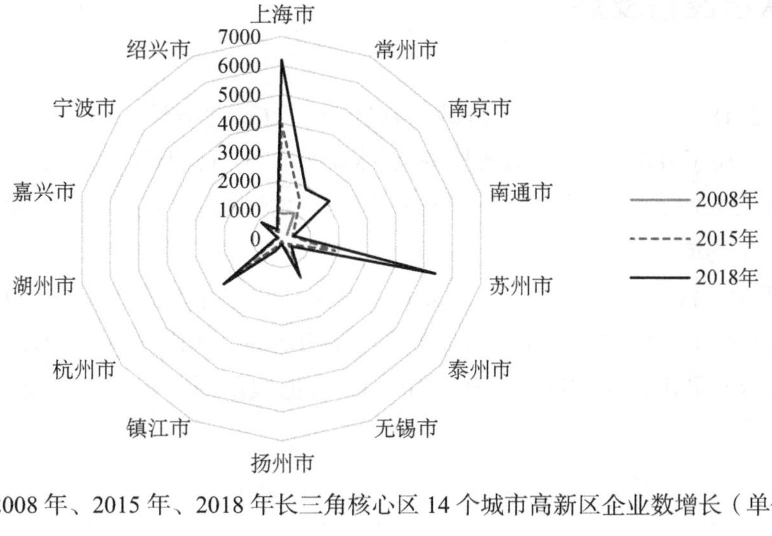

图 6-1　2008 年、2015 年、2018 年长三角核心区 14 个城市高新区企业数增长（单位：家）

2018 年，长三角核心区 14 个城市高新区企业数的平均值为 1621 家。其中，上海市，江苏地区的常州市、南京市、苏州市，以及浙江地区的杭州市 5 个城市高于平均水平，其余 9 个城市低于平均水平（图 6-2）。高于平均水平的 5 个城市的高新区企业数占长三角核心区高新区企业数的 79.79%。

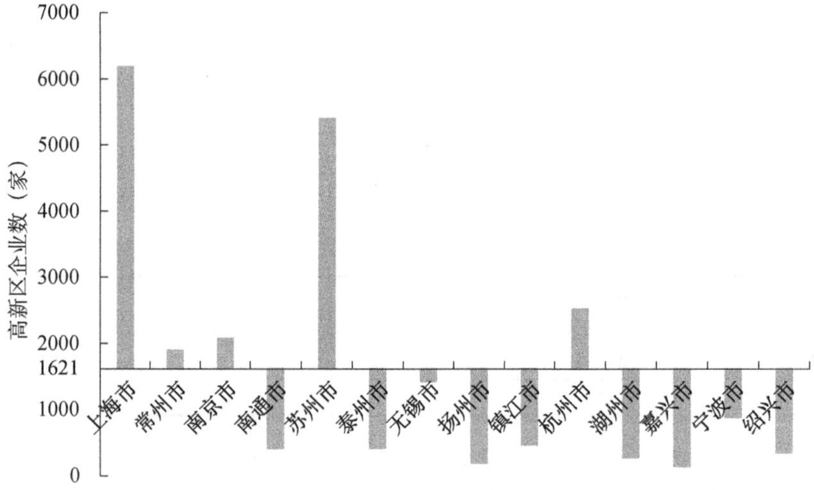

图 6-2 2018 年长三角核心区 14 个城市高新区企业数与平均值比较

6.1.2 从增速看发展

2015～2018 年，长三角核心区的高新区企业数稳健增长，由 13 653 家增长到 22 688 家，增长了 0.66 倍，年均增长率为 18.45%。其中，上海市增长了 0.55 倍，年均增长率为 15.83%；江苏地区增长了 0.93 倍，年均增长率为 24.53%；浙江地区增长了 0.27 倍，年均增长率为 8.32%（表 6-1）。江苏地区的高新区企业数增长最为显著，如图 6-3 所示。江苏地区的南京市、苏州市增速最快，年均增长率分别为 57.08%和 42.46%，增速列第三位的扬州市亦在三年里实现倍增，年均增长率达 27.10%。浙江地区以宁波市增速最快，年均增长率达 17.07%，其他城市则增长相对较慢。

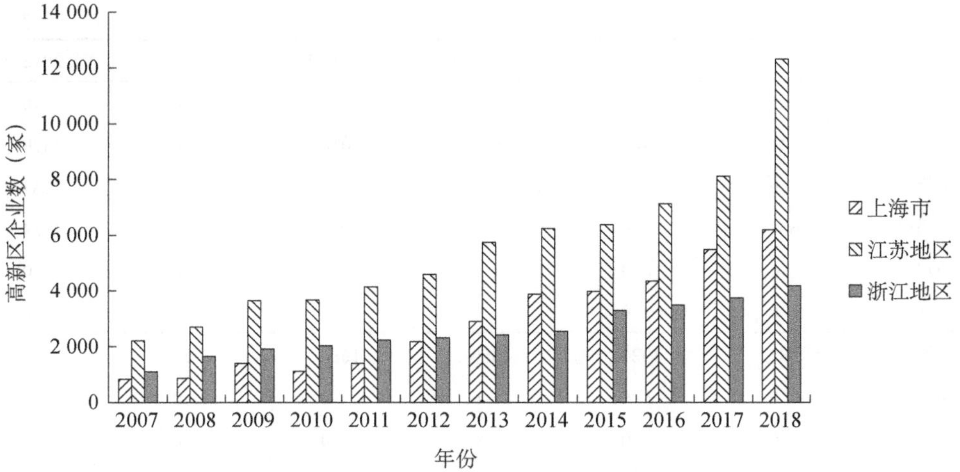

图 6-3　2007～2018 年上海市、江苏地区、浙江地区高新区企业数变化

2015 年以来，长三角核心区高新区企业数保持着比较稳定的增长格局。总体而言，江苏地区高新区企业数稳居长三角核心区首位，且有差距拉大的趋势。

6.1.3　从构成看特征

表 6-2 列出了 2007～2018 年长三角核心区 14 个城市的高新区企业数及其增长。可以看出，各城市间存在一定差异，随着高新区的逐步扩张与新设，高新区企业数稳步增长，且存在较为明显的马太效应。单纯的总量衡量难以反映区域整体的发展水平。通过长三角核心区高新区企业数在全国的占比来反映地区高新区发展水平，可从构成的角度更全面地审视长三角核心区的高新区发展状况。表 6-3 列出了 2007～2018 年长三角核心区 14 个城市高新区企业数占全国比重，可见近年来长三角核心区的高新区蓬勃发展，占比从 2007 年的 8.52%上升到 2018 年的 18.90%。

表 6-2　2007～2018 年长三角核心区 14 个城市高新区企业数及其增长　　（单位：家）

城市	2007 年	2008 年	2009 年	2010 年	2011 年	2012 年
上海市	827	868	1403	1108	1392	2177
常州市	731	975	1072	1115	898	1196
南京市	235	232	253	260	285	310

续表

城市	2007年	2008年	2009年	2010年	2011年	2012年
南通市	0	0	0	0	0	0
苏州市	631	780	1022	1018	1456	1479
泰州市	0	0	224	249	258	284
无锡市	608	716	1075	1021	1253	1334
扬州市	0	0	0	0	0	0
镇江市	0	0	0	0	0	0
杭州市	785	1325	1589	1686	1750	1818
湖州市	0	0	0	0	0	0
嘉兴市	0	0	0	0	0	0
宁波市	313	327	318	338	349	370
绍兴市	0	0	0	0	134	130
城市	2013年	2014年	2015年	2016年	2017年	2018年
上海市	2891	3881	3983	4359	5483	6190
常州市	1309	1364	1437	1511	1602	1900
南京市	365	389	538	1037	1319	2085
南通市	368	382	379	420	436	416
苏州市	1992	2061	1869	1947	2435	5404
泰州市	290	292	298	312	374	422
无锡市	1417	1481	1503	1367	1343	1423
扬州市	0	0	94	115	154	193
镇江市	0	269	257	409	447	467
杭州市	1832	1860	2173	2353	2441	2525
湖州市	0	0	205	224	249	278
嘉兴市	0	0	111	123	136	148
宁波市	381	428	551	544	623	884
绍兴市	208	255	255	245	294	353

注：本表南通市、泰州市等城市数据自高新区批复当年起列示，后同，特此说明。

表 6-3 2007～2018 年长三角核心区 14 个城市高新区企业数占全国比重

年份	长三角核心区（家）	全国（家）	占全国比重（%）
2007	4 130	48 472	8.52
2008	5 223	52 632	9.92
2009	6 956	53 692	12.96
2010	6 795	55 243	12.30
2011	7 775	57 033	13.63
2012	9 098	63 926	14.23
2013	11 053	71 180	15.53
2014	12 662	74 275	17.05
2015	13 653	82 712	16.51
2016	14 966	91 093	16.43
2017	17 336	103 631	16.73
2018	22 688	120 057	18.90

6.2 高新区年末从业人员数

高新区是全国创新资源最密集、创新活动最活跃、创新成果最丰硕的区域，积聚了国内最优秀的一批创新人才。得益于良好的创新环境与完善的服务平台，高新区不断吸引创新人才向其集聚。长三角核心区具备国内领先的创新资源与制度环境，区域内高新区吸引了大量人才从事高新技术产业的研究与开发以及相关工作。考察长三角核心区内高新区年末从业人员数，能够从基本面上了解高新区创新人才的分布与集聚情况。

6.2.1 从数字看态势

2018 年长三角核心区高新区年末从业人员数合计 409.4 万人。其中，上海市为 117.2 万人，占比为 28.63%；江苏地区为 207.3 万人，占比为 50.64%；浙江地区为 84.9

万人，占比为 20.74%（表 6-4）。14 个城市中，上海市以 117.2 万人列第一位，苏州市以 78.7 万人列第二位，扬州市以 3.6 万人列最后一位。在江苏地区，苏州市高新区年末从业人员数远超其余城市，无锡市与常州市分列第二、第三位，南京市高新区年末从业人员数为 31.9 万人，略少于常州市的 32.7 万人。在浙江地区，杭州市位列第一，其高新区年末从业人员数共有 44.5 万人，占比为 10.87%，宁波市以 23.6 万人位列次席，占比为 5.76%。

表 6-4　2018 年长三角核心区 14 个城市高新区年末从业人员数及其增长

地区	2018 年高新区年末从业人员数		2018 年比 2015 年增长倍数（倍）	2015～2018 年年均增长率（%）
	总数（万人）	占比（%）		
上海市	117.2	28.63	0.41	12.10
常州市	32.7	7.99	0.30	9.22
南京市	31.9	7.79	0.44	13.01
南通市	10.0	2.44	0.05	1.72
苏州市	78.7	19.22	0.88	23.38
泰州市	9.0	2.20	0.64	17.84
无锡市	35.8	8.74	−0.08	−2.81
扬州市	3.6	0.88	0.03	0.94
镇江市	5.6	1.37	0.65	18.10
杭州市	44.5	10.87	0.32	9.71
湖州市	4.9	1.20	0.40	11.87
嘉兴市	6.1	1.49	0.33	9.86
宁波市	23.6	5.76	0.41	12.22
绍兴市	5.8	1.42	0.66	18.34
上海市	117.2	28.63	0.41	12.10
江苏地区	207.3	50.64	0.38	11.39
浙江地区	84.9	20.74	0.37	11.05
合计	409.4	100.00	0.39	11.52

图 6-4 显示了 2008 年、2015 年、2018 年长三角核心区 14 个城市高新区年末从业人员数。从图中可见，绝大多数城市的高新区年末从业人员数呈现稳健增长的趋势，仅无锡市出现了微小的规模调整。其中，江苏地区的苏州市、泰州市和镇江市，以及浙江地区的绍兴市实现了人数规模的快速扩张。

2018 年，长三角核心区 14 个城市高新区年末从业人员数的平均值为 29.24 万人。

其中，上海市，江苏地区的常州市、南京市、苏州市、无锡市与和浙江地区的杭州市6个城市高于平均水平，其余8个城市低于平均水平（图6-5）。高于平均水平的6个城市的高新区年末从业人员数占长三角核心区总数的83.24%。

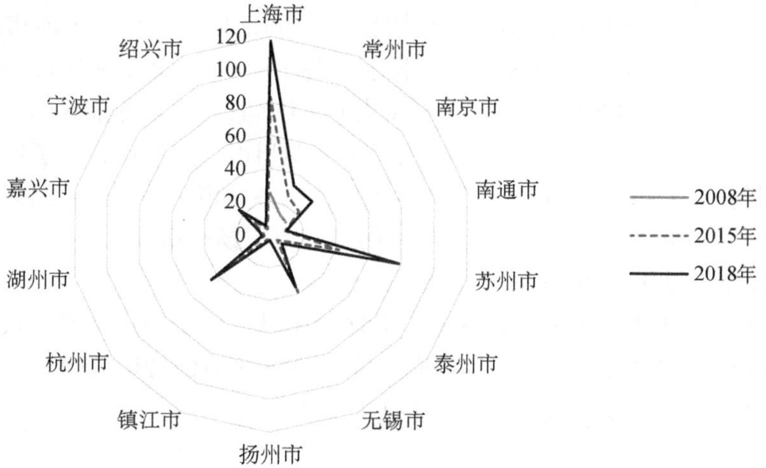

图6-4　2008年、2015年、2018年长三角核心区14个城市高新区年末从业人员数（单位：万人）

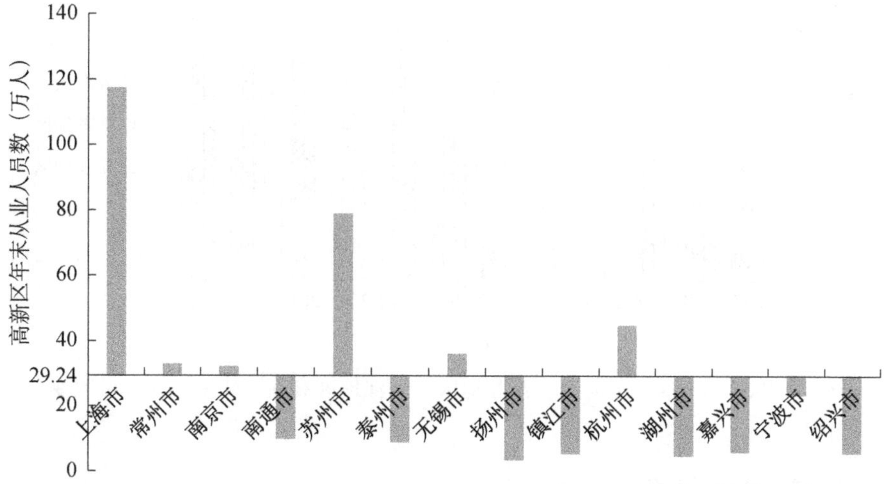

图6-5　2018年长三角核心区14个城市高新区年末从业人员数与平均值比较

6.2.2 从增速看发展

2015～2018 年，长三角核心区高新区年末从业人员数稳中有增，由 295.2 万人增长到 409.4 万人，增长了 0.39 倍，年均增长率为 11.52%。其中，上海市增长了 0.41 倍，年均增长率为 12.10%；江苏地区增长了 0.38 倍，年均增长率为 11.39%；浙江地区增长了 0.37 倍，年均增长率为 11.05%（表 6-4）。其中，江苏地区的苏州市、南京市、泰州市、镇江市，以及浙江地区的绍兴市、湖州市、宁波市实现了年均增长率超 10%的快速扩张。苏州市年均增长率达 23.38%，在各城市中居首位；绍兴市年均增长率达 18.34%，在浙江地区领先。江苏地区的南通市、扬州市在 2015～2018 年增长较为缓慢，无锡市在此期间出现负增长。

2015 年以来，上海市和浙江地区的高新区年末从业人员数保持着比较稳定的增长格局（图 6-6），江苏地区在 2015 年略有下降，2015 年后保持稳定增长。11 年来江苏地区高新区年末从业人员数稳居长三角核心区首位。

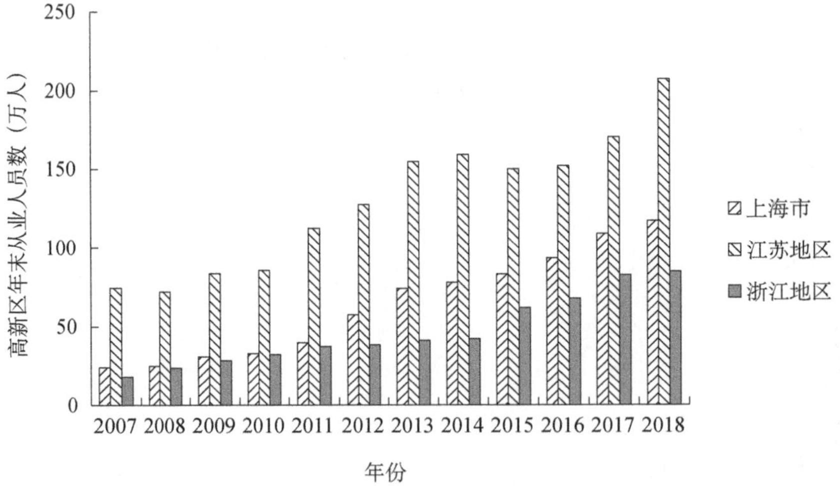

图 6-6　2007～2018 年上海市、江苏地区、浙江地区高新区年末从业人员数变化

6.2.3 从构成看特征

表 6-5 列出了 2007～2018 年长三角核心区 14 个城市高新区年末从业人员数及其

增长。可以看出，各城市间存在显著的规模差异。对区域的实际情况的了解需要从区域内外综合考量，因此可以通过其在全国的占比来反映地区高新区年末从业人员数在全国的水平，从构成的角度更全面地审视长三角核心区的高新区人力资本储备的状况。表 6-6 显示了 2007～2018 年长三角核心区 14 个城市高新区年末从业人员数占全国比重，除 2008 年和 2010 年以外，其他年份占比保持在 17%以上。

表 6-5 2007～2018 年长三角核心区 14 个城市高新区年末从业人员数及其增长（单位：万人）

城市	2007 年	2008 年	2009 年	2010 年	2011 年	2012 年
上海市	24.2	25.1	30.9	33.0	39.9	57.6
常州市	11.7	13.5	14.5	15.8	15.8	24.4
南京市	11.5	11.9	14.9	15.3	16.9	17.8
南通市	0	0	0	0	0	0
苏州市	27.8	24.0	25.0	22.7	37.8	40.2
泰州市	0	0	3.0	3.7	3.3	3.6
无锡市	23.5	22.7	26.3	28.1	38.8	41.4
扬州市	0	0	0	0	0	0
镇江市	0	0	0	0	0	0
杭州市	11.9	16.8	20.1	22.5	24.5	25.2
湖州市	0	0	0	0	0	0
嘉兴市	0	0	0	0	0	0
宁波市	6.3	7.0	8.3	9.9	10.1	10.7
绍兴市	0	0	0	0	2.9	2.5

城市	2013 年	2014 年	2015 年	2016 年	2017 年	2018 年
上海市	74.2	78.0	83.2	93.5	109.0	117.2
常州市	25.7	25.6	25.1	27.2	29.2	32.7
南京市	20.3	19.8	22.1	24.9	30.6	31.9
南通市	8.5	9.0	9.5	9.6	9.8	10.0
苏州市	52.2	51.4	41.9	41.2	49.7	78.7
泰州市	3.6	3.7	5.5	4.7	6.0	9.0
无锡市	44.4	45.8	39.0	34.1	34.6	35.8
扬州市	0	0	3.5	3.8	4.1	3.6
镇江市	0	3.8	3.4	6.5	6.3	5.6

续表

城市	2013年	2014年	2015年	2016年	2017年	2018年
杭州市	25.4	25.7	33.7	36.3	40.0	44.5
湖州市	0	0	3.5	3.8	4.4	4.9
嘉兴市	0	0	4.6	5.2	5.7	6.1
宁波市	12.0	12.9	16.7	17.1	19.9	23.6
绍兴市	3.8	3.6	3.5	5.5	12.7	5.8

表 6-6 2007～2018 年长三角核心区 14 个城市高新区年末从业人员数占全国比重

年份	长三角核心区（万人）	全国（万人）	占全国比重（%）
2007	116.9	650.2	17.98
2008	121.0	716.5	16.89
2009	143.0	810.5	17.64
2010	151.0	960.3	15.72
2011	190.0	1073.6	17.70
2012	223.4	1269.5	17.60
2013	270.1	1460.2	18.50
2014	279.3	1527.2	18.29
2015	295.2	1719.0	17.17
2016	313.4	1805.9	17.35
2017	362.0	1940.7	18.65
2018	409.4	2091.6	19.57

6.3 高新区营业收入

高新区担负着深入实施创新驱动发展战略的重要使命，是我们“建设世界科技强国”的重要阵地。高新区立足实现科技成果向现实生产力的转化的设立初衷，通过高新区营业收入展示了高新区成果转化的能力和水平。考察长三角核心城市高新区营业收入水平，有利于了解区域内创新成果的转化能力，明确区域内各城市成果转化能力的水平差异以及变化态势，同时也在全国整体层面把握长三角核心区高新区创新发展的水平以及未来可能的发展方向。

6.3.1 从数字看态势

2018 年，长三角核心区高新区实现营业收入合计 66 076.9 亿元。其中，上海市高新区营业收入为 22 082.0 亿元，占长三角核心区高新区营业收入总量的 33.42%；江苏地区高新区营业收入为 30 218.7 亿元，占比为 45.73%；浙江地区高新区营业收入为 13 776.2 亿元，占比为 20.85%（表 6-7）。14 个城市中，上海市以 22 082.0 亿元的高新区营业收入列第一位，苏州市以 11 497.5 亿元的高新区营业收入列第二位，杭州市以 7772.8 亿元的高新区营业收入列第三位。在江苏地区，苏州市、南京市、无锡市列前三位。在浙江地区，杭州市、宁波市列前两位，明显领先地区内其他城市。江苏地区 8 个城市的高新区营业收入占长三角核心区的接近一半。

表 6-7　2018 年长三角核心区 14 个城市高新区营业收入及其增长

地区	2018 年高新区营业收入		2018 年比 2015 年增长倍数（倍）	2015～2018 年年均增长率（%）
	总数（亿元）	占比（%）		
上海市	22 082.0	33.42	0.57	16.26
常州市	4 302.2	6.51	0.46	13.52
南京市	6 203.3	9.39	0.33	9.90
南通市	254.7	0.39	−0.85	−47.43
苏州市	11 497.5	17.40	1.71	39.36
泰州市	1 159.0	1.75	0.31	9.39
无锡市	5 728.7	8.67	0.24	7.55
扬州市	407.3	0.62	0.03	0.97
镇江市	666.0	1.01	1.67	38.81
杭州市	7 772.8	11.76	0.65	18.17
湖州市	567.1	0.86	1.01	26.13
嘉兴市	731.4	1.11	0.54	15.42
宁波市	3 937.9	5.96	0.61	17.29
绍兴市	767.0	1.16	3.07	59.65
上海市	22 082.0	33.42	0.57	16.26
江苏地区	30 218.7	45.73	0.53	15.23
浙江地区	13 776.2	20.85	0.70	19.38
合计	66 076.9	100.00	0.58	16.40

图 6-7 显示了 2008 年、2015 年、2018 年长三角核心区 14 个城市高新区营业收入增长。图中显示，绝大多数城市高新区营业收入都处于稳定或增长态势，仅南通市出现了高新区营业收入的规模萎缩，其中，绍兴市增长最为明显，四年内营业收入增长超 3 倍。在江苏地区，苏州市与镇江市的增长处于领先水平，2015～2018 年三年内营业收入增长均超 1.5 倍。

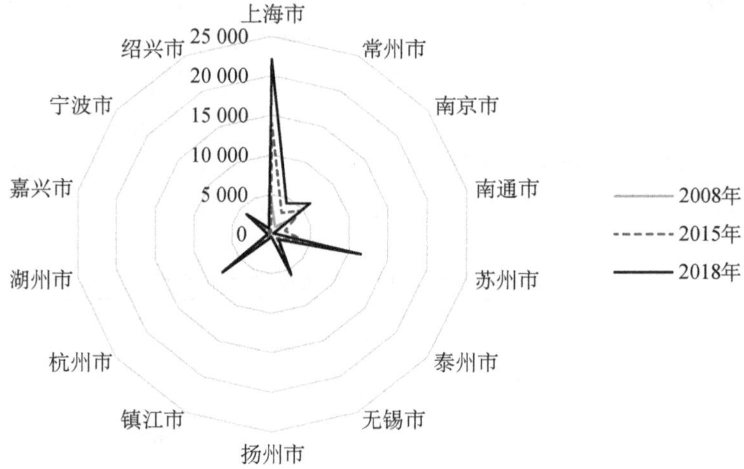

图 6-7　2008 年、2015 年、2018 年长三角核心区 14 个城市高新区营业收入增长（单位：亿元）

2018 年，长三角核心区 14 个城市高新区营业收入平均值为 4719.8 亿元。其中，上海市，江苏地区的南京市、苏州市、无锡市，以及浙江地区的杭州市这 5 个城市高于平均水平，其余 9 个城市低于平均水平（图 6-8）。高于平均水平的 5 个城市的高新区营业收入占长三角核心区高新区营业收入的 80.64%。

6.3.2　从增速看发展

2015～2018 年，长三角核心区的高新区营业收入稳健增长，由 41 902 亿元增长到 66 076.9 亿元，增长了 0.58 倍，年均增长率为 16.40%。其中，上海市增长了 0.57 倍，年均增长率为 16.26%；江苏地区增长了 0.53 倍，年均增长率为 15.23%；浙江地区增长了 0.70 倍，年均增长率为 19.38%，如表 6-7 所示。江苏地区的苏州市、镇江市和浙江地区的湖州市、绍兴市均增长了 1 倍以上，年均增长率分别为 39.36%、

38.81%、26.13%和 59.65%。江苏地区的扬州市从 2015 年到 2018 年接近零增长，南通市在这 3 年里出现负增长。2007～2018 年，浙江地区的高新区营业收入增长较为显著（图 6-9）。

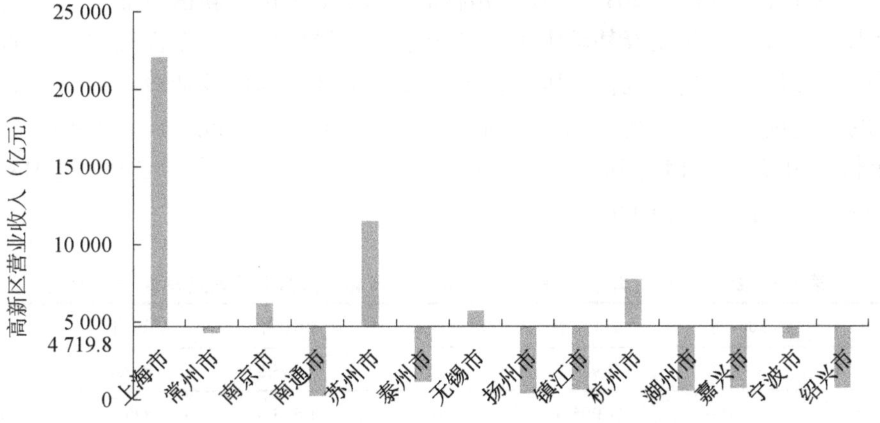

图 6-8　2018 年长三角核心区 14 个城市高新区营业收入与平均值比较

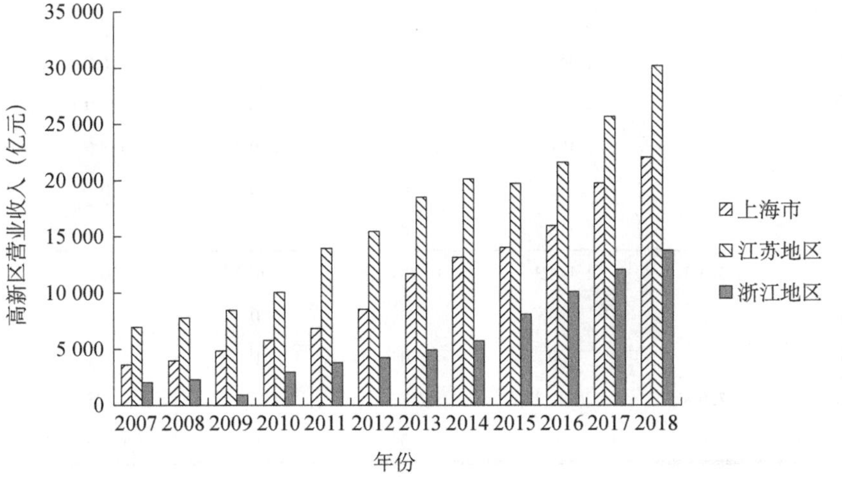

图 6-9　2007～2018 年上海市、江苏地区、浙江地区高新区营业收入变化

2015 年以来，上海市、江苏地区和浙江地区的高新区营业收入均保持着比较稳定的增长格局，江苏地区高新区营业收入的绝对总量在区域内领先，浙江地区高新区营业收入的相对增长在区域内领先。

6.3.3 从构成看特征

表 6-8 列出了 2007～2018 年长三角核心区 14 个城市高新区营业收入及其增长。可以看出，各城市间存在着基础水平和增长水平的异质性，为全面反映区域的实际情况，可以通过长三角核心区在全国的占比来反映地区高新区营业收入在全国的水平，从构成的角度更全面地审视长三角高新区营业收入的发展情况。表 6-9 展示了 2007～2018 年长三角核心区 14 个城市高新区营业收入占全国比重，其中 2015～2018 年平稳增长，从 16.52%增长到 19.09%。

表 6-8 2007～2018 年长三角核心区 14 个城市高新区营业收入及其增长（单位：亿元）

城市	2007 年	2008 年	2009 年	2010 年	2011 年	2012 年
上海市	3 581.2	3 950.7	4 867.0	5 805.5	6 842.4	8 564.7
常州市	802.6	1 005.6	1 207.7	1 513.3	1 837.9	2 617.1
南京市	2 112.9	2 480.4	2 390.4	2 776.9	3 463.8	3 534.5
南通市	0	0	0	0	0	0
苏州市	1 901.1	1 941.1	2 002.2	2 213.1	3 616.7	3 785.9
泰州市	0	0	355.2	516.1	702.0	688.7
无锡市	2 166.7	2 351.4	2 508.8	3 039.2	4 338.6	4 825.1
扬州市	0	0	0	0	0	0
镇江市	0	0	0	0	0	0
杭州市	1 303.3	1 444.3	1 576.4	1 820.3	2 200.2	2 412.3
湖州市	0	0	0	0	0	0
嘉兴市	0	0	0	0	0	0
宁波市	720.8	848.3	937.3	1 103.9	1 423	1 700.3
绍兴市	0	0	0	0	175.3	147.6

城市	2013 年	2014 年	2015 年	2016 年	2017 年	2018 年
上海市	11 709.6	13 162.4	14 054.1	15 971.3	19 769.9	22 082
常州市	2 805.0	3 068.4	2 940.7	3 462.7	3 691.1	4 302.2
南京市	4 310.9	4 588.3	4 673.4	4 395.4	5 739.5	6 203.3
南通市	1 128.6	1 371.7	1 753.6	2 197.6	2 527.6	254.7

续表

城市	2013年	2014年	2015年	2016年	2017年	2018年
苏州市	4 829.1	4 947	4 247.6	4 537.9	5 868.1	11 497.5
泰州市	718.6	793.4	885.5	993.6	1 114.1	1 159
无锡市	4 719.8	5 094.2	4 605.4	4 857.5	5 462.5	5 728.7
扬州市	0	0	395.7	472.1	508.5	407.3
镇江市	0	293.9	249.0	692.6	755.4	666.0
杭州市	2 798.7	3 265.6	4 709.9	5 607.9	6 745.8	7 772.8
湖州市	0	0	282.6	372.3	475.3	567.1
嘉兴市	0	0	475.7	538.5	634.0	731.4
宁波市	1 938.0	2 255.4	2 440.3	3 113.2	3 638.0	3 937.9
绍兴市	210.4	208.2	188.5	492.3	579.9	767.0

表 6-9　2007～2018 年长三角核心区 14 个城市高新区营业收入占全国比重

年份	长三角核心区（亿元）	全国（亿元）	占全国比重（%）
2007	12 588.6	54 925.2	22.92
2008	14 021.8	65 985.7	21.25
2009	15845.0	78 706.9	20.13
2010	18 788.3	105 917.3	17.74
2011	24 599.9	133 425.1	18.44
2012	28 276.2	165 689.9	17.07
2013	35 168.7	199 648.9	17.62
2014	39 048.5	226 754.5	17.22
2015	41 902.0	253 662.8	16.52
2016	47 704.9	276 559.4	17.25
2017	57 509.7	307 057.5	18.73
2018	66 076.9	346 213.9	19.09

6.4　高新区工业总产值

高新区工业总产值是对高新区规模进行考察的基础指标。关注已建立的高新区的工业总产值初始水平以及变化趋势，考察高新区主导产业的支撑作用与重点产业的稳定贡献，能够从总体规模视角理解高新区这一“火车头”的引领作用。关注长三角核心区的高新区工业总产值变化，能够了解区域内各城市主导产业的发展态势，理解区域内城市的产业结构升级与变迁，最后从国家层面的整体视角理解长三角核心区的创新规模变动。

6.4.1 从数字看态势

2018 年，长三角核心区高新区工业总产值合计实现 47 928.6 亿元。其中，上海市高新区工业总产值为 11 703.4 亿元，占长三角核心区高新区工业总产值的 24.42%；江苏地区合计为 26 953.3 亿元，占比为 56.24%；浙江地区合计为 9271.9 亿元，占比为 19.35%（表 6-10）。14 个城市中，上海市以高新区工业总产值 11 703.4 亿元列第一位，苏州市以 9779.7 亿元列第二位，扬州市以 415.6 亿元列最后一位。在江苏地区，苏州市、无锡市、南京市列前三位。在浙江地区，杭州市列第一位，高新区工业总产值 4842.2 亿元，占比为 10.10%。江苏地区 8 个城市的高新区工业总产值占长三角核心区的一半多。

表 6-10　2018 年长三角核心区 14 个城市高新区工业总产值及其增长

地区	2018 年高新区工业总产值		2018 年比 2015 年增长倍数（倍）	2015～2018 年年均增长率（%）
	总数（亿元）	占比（%）		
上海市	11 703.4	24.42	0.32	9.57
常州市	3 562.7	7.43	0.26	8.03
南京市	4 938.2	10.30	0.12	3.87
南通市	1 411.5	2.95	0.12	3.94
苏州市	9 779.7	20.40	1.30	32.04
泰州市	1 139.3	2.38	0.31	9.31
无锡市	5 188.7	10.83	0.20	6.26
扬州市	415.6	0.87	−0.01	−0.33
镇江市	517.6	1.08	2.43	50.78
杭州市	4 842.2	10.10	0.59	16.63
湖州市	491.4	1.03	0.69	19.07
嘉兴市	577.4	1.20	0.34	10.14
宁波市	2 684.9	5.60	1.18	29.62

续表

地区	2018 年高新区工业总产值		2018 年比 2015 年增长倍数（倍）	2015～2018 年年均增长率（%）
	总数（亿元）	占比（%）		
绍兴市	676	1.41	2.76	55.52
上海市	11 703.4	24.42	0.32	9.57
江苏地区	26 953.3	56.24	0.46	13.35
浙江地区	9 271.9	19.35	0.79	21.35
合计	47 928.6	100.00	0.47	13.72

图 6-10 显示了 2008 年、2015 年、2018 年长三角核心区 14 个城市高新区工业总产值增长。图中显示，除扬州市出现微小的产值规模收缩外，各城市的高新区工业总产值都处于稳定或增长态势，其中，江苏地区的苏州市与浙江地区的绍兴市增长最为明显。2018 年，上海市、苏州市、无锡市、南京市、杭州市高新区工业总产值列前五位。

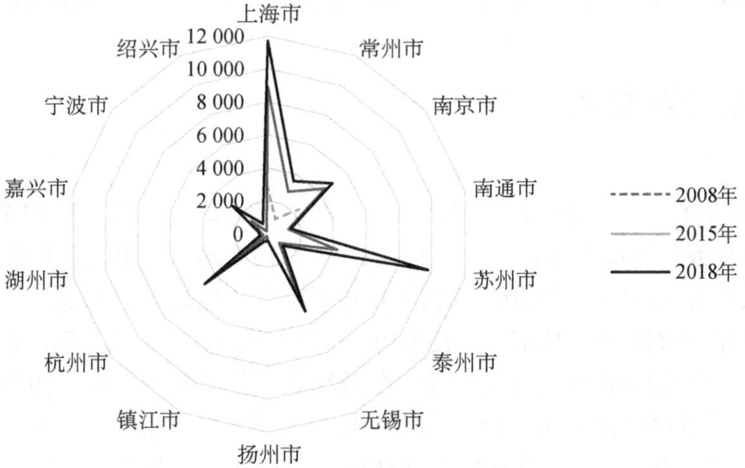

图 6-10　2008 年、2015 年、2018 年长三角核心区 14 个城市高新区工业总产值增长（单位：亿元）

2018 年，长三角核心区 14 个城市平均高新区工业总产值为 3423.5 亿元。其中，上海市，江苏地区的苏州市、无锡市、南京市、常州市，以及浙江地区的杭州市这 6 个城市高于平均水平，其余 8 个城市低于平均水平（图 6-11）。高于平均水平的 6 个城市的高新区工业总产值占长三角核心区高新区工业总产值的 83.49%。

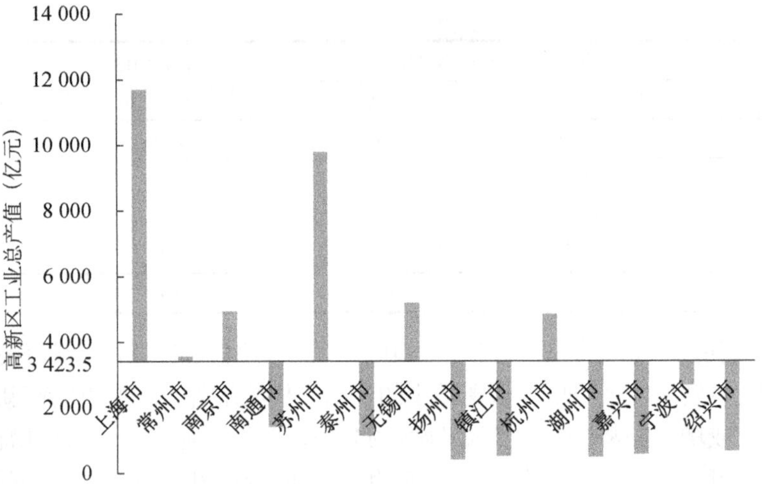

图 6-11　2018 年长三角核心区 14 个城市高新区工业总产值与平均值比较

6.4.2　从增速看发展

2015～2018 年，长三角核心区的高新区工业总产值稳健增长，由 32 590.9 亿元增长到 47 928.6 亿元，增长了 0.47 倍，年均增长率为 13.72%。其中，上海市增长了 0.32 倍，年均增长率为 9.57%；江苏地区增长了 0.46 倍，年均增长率为 13.35%；浙江地区增长了 0.79 倍，年均增长率为 21.35%（表 6-10）。江苏地区的苏州市、镇江市，以及浙江地区的宁波市、绍兴市均增长了 1 倍以上，年均增长率分别为 32.04%、50.78%、29.62% 和 55.52%；江苏地区的南京市、南通市增长较为缓慢，扬州市在三年里出现负增长。

2007 年以来，上海市、江苏地区和浙江地区的高新区工业总产值保持着比较稳定的增长格局，其中浙江地区的高新区工业总产值增速较快，江苏地区的高新区工业总产值稳居长三角核心区首位，如图 6-12 所示。

6.4.3　从构成看特征

表 6-11 列出了 2007～2018 年长三角核心区 14 个城市高新区工业总产值及其增长。可以看出，各城市间存在发展水平、发展阶段的个体差异。为全面地反映区域的

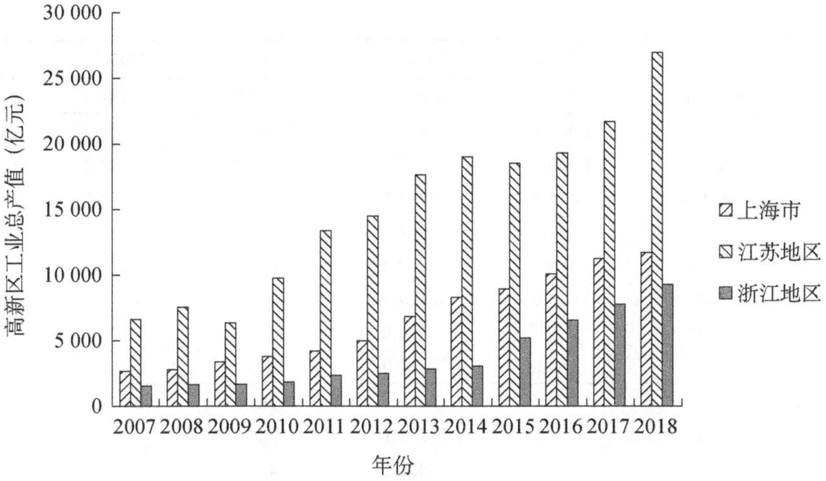

图 6-12　2007～2018 年上海市、江苏地区、浙江地区高新区工业总产值变化

实际情况，可以通过其在全国的占比来反映长三角核心区高新区工业总产值在全国的水平，从构成的角度更全面地审视长三角核心区高新区工业总产值状况。表 6-12 表明,2018 年长三角核心区 14 个城市的高新区工业总产值占全国比重为 21.54%,2007～2018 年总体呈现先降后升的趋势，2015～2018 年稳健增长。

表 6-11　2007～2018 年长三角核心区 14 个城市高新区工业总产值及其增长（单位：亿元）

城市	2007 年	2008 年	2009 年	2010 年	2011 年	2012 年
上海市	2 661.3	2 790.8	3 373.9	3 772.2	4 193.5	4 974.9
常州市	811.2	1 007.2	1 209.3	1 478.0	1 801.7	2 581.3
南京市	1 979.5	2 354.8	2 256.2	2 682.0	3 258.9	3 364.3
南通市	0	0	0	0	0	0
苏州市	1 674.4	1 845.3	1 859.3	2 075.4	3 529.8	3 686.6
泰州市	0	0	368.1	508.2	605.4	680.8
无锡市	2 129.7	2 327.8	2 506.4	3 020.1	4 174.1	4 187.8
扬州市	0	0	0	0	0	0
镇江市	0	0	0	0	0	0
杭州市	1 015.6	1 020.1	964.8	1 109.2	1 364.8	1 444.1
湖州市	0	0	0	0	0	0
嘉兴市	0	0	0	0	0	0
宁波市	532.9	626.6	691.4	720.6	816.0	908.5
绍兴市	0	0	0	0	151.1	134.4

续表

城市	2013 年	2014 年	2015 年	2016 年	2017 年	2018 年
上海市	6 817.1	8 297.1	8 897.4	10 092.6	11 248.7	11 703.4
常州市	2 741.9	2 965.9	2 826.2	3 043.8	3 094.7	3 562.7
南京市	4 056.3	4 299.5	4 406.2	3 862.9	4 742.1	4 938.2
南通市	880.3	1 013.7	1 257.1	1 589.6	1 485.7	1 411.5
苏州市	4 712.5	4 748.5	4 248.3	4 374.8	5 342.2	9 779.7
泰州市	731.0	784.0	872.2	1 003.1	1 107.5	1 139.3
无锡市	4 514.2	5 025.9	4 324.7	4 362.0	4 795.2	5 188.7
扬州市	0	0	419.8	497.4	521.0	415.6
镇江市	0	152.6	151.0	533.7	590.9	517.6
杭州市	1 610.4	1 780.1	3 052.1	3 563.1	4 495.3	4 842.2
湖州市	0	0	291.1	360.9	459.1	491.4
嘉兴市	0	0	432.2	467.8	521.2	577.4
宁波市	1 004.8	1 061.1	1 232.9	1 652.2	1 955.3	2 684.9
绍兴市	206.6	199.7	179.7	484.4	314.2	676.0

表 6-12　2007～2018 年长三角核心区 14 个城市高新区工业总产值占全国比重

年份	长三角核心区（亿元）	全国（亿元）	占全国比重（%）
2007	10 804.6	44 376.9	24.35
2008	11 972.6	52 684.7	22.73
2009	13 229.4	61 151.4	21.63
2010	15 365.7	84 318.2	18.22
2011	19 895.3	105 679.6	18.83
2012	21 962.7	128 603.9	17.08
2013	27 275.1	151 367.6	18.02
2014	30 328.1	169 936.9	17.85
2015	32 590.9	186 018.3	17.52
2016	35 888.3	196 838.7	18.23
2017	40 673.1	202 826.6	20.05
2018	47 928.6	222 525.5	21.54

6.5　高新区净利润

高新区净利润能够反映高新区创新发展的经营效益。在重视高新区产业规模和成果转化能力的基础上，良好的经营效益是高新区产业高质量发展的内生动力。良好的创新环境不仅需要完善的制度保障，也需要完整的成果转化链条，在将创新成果转化为生产力的同时，产业的利润水平决定了成果转化链条的稳定与可持续发展。考察长三角核心区高新区净利润水平，能够了解区域内各城市高新技术产业的发展阶段与发展前景，研究区域内各城市间创新成果转化能力与发展能力的差异，最后在全国层面认识长三角核心区高新技术产业发展的重要地位。

6.5.1 从数字看态势

2018 年，长三角核心区设立的高新区净利润合计 5467.1 亿元。其中，上海市实现高新区净利润 2140.7 亿元，占长三角核心区高新区净利润总量的 39.16%；江苏地区合计 2233.8 亿元，占比为 40.86%；浙江地区合计 1092.6 亿元，占比为 19.99%（表 6-13）。14 个城市中，上海市高新区净利润以 2140.7 亿元列第一位，苏州市以 724.0 亿元列第二位，镇江市以 17.9 亿元列最后一位。在江苏地区，苏州市、常州市、无锡市列前三位。在浙江地区，杭州市列第一位，共实现高新区净利润 620.1 亿元，占比为 11.34%。上海市与江苏地区高新区净利润相近，各占长三角核心区约四成。

表 6-13　2018 年长三角核心区 14 个城市高新区净利润及其增长

地区	2018 年高新区净利润		2018 年比 2015 年增长倍数（倍）	2015～2018 年年均增长率（%）
	总数（亿元）	占比（%）		
上海市	2140.7	39.16	0.58	16.59
常州市	378.6	6.93	0.92	24.24
南京市	370.9	6.78	0.60	17.08
南通市	288.6	5.28	1.91	42.76
苏州市	724.0	13.24	3.11	60.20
泰州市	53.0	0.97	0.21	6.64
无锡市	372.7	6.82	0.62	17.37
扬州市	28.1	0.51	0.15	4.82
镇江市	17.9	0.33	2.14	46.44
杭州市	620.1	11.34	0.43	12.73
湖州市	40.2	0.74	1.75	40.16
嘉兴市	91.2	1.67	0.78	21.22

续表

地区	2018 年高新区净利润		2018 年比 2015 年增长倍数（倍）	2015～2018 年年均增长率（%）
	总数（亿元）	占比（%）		
宁波市	303.2	5.55	1.65	38.31
绍兴市	37.9	0.69	7.42	103.46
上海市	2140.7	39.16	0.58	16.59
江苏地区	2233.8	40.86	1.22	30.37
浙江地区	1092.6	19.99	0.77	20.94
合计	5467.1	100.00	0.84	22.47

图 6-13 显示了 2008 年、2015 年、2018 年长三角核心区 14 个城市高新区净利润增长。图中显示，各城市的高新区净利润都实现了稳健增长。其中，浙江地区的绍兴市和江苏地区的苏州市高新区净利润增长最为明显。2018 年，上海市、苏州市、杭州市、常州市、无锡市、南京市列前六位。

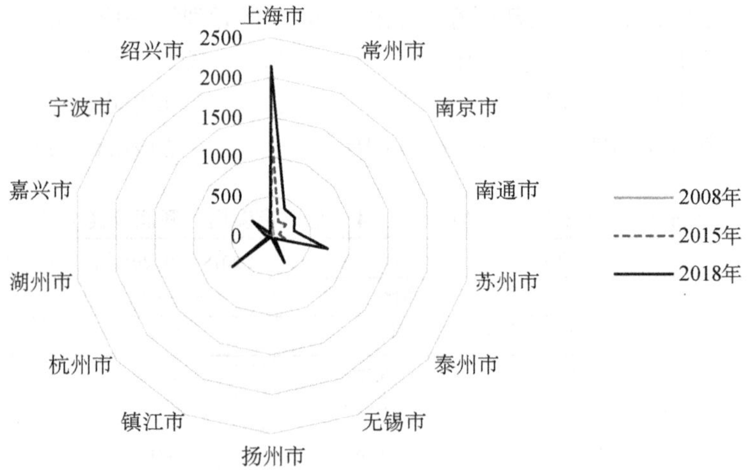

图 6-13　2008 年、2015 年、2018 年长三角核心区 14 个城高新区净利润增长（单位：亿元）

2018 年，长三角核心区 14 个城市平均高新区净利润为 390.5 亿元。其中，上海市，江苏地区的苏州市和浙江地区的杭州市这 3 个城市高于平均水平，其余 11 个城市低于平均水平（图 6-14）。高于平均水平的 3 个城市的高新区净利润占长三角核心区高新区净利润的 63.74%。

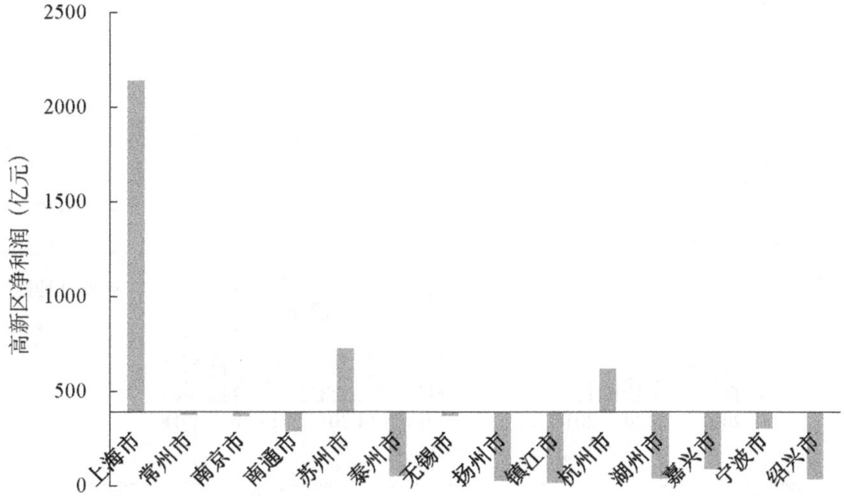

图 6-14　2018 年长三角核心区 14 个城市高新区净利润与平均值比较

6.5.2　从增速看发展

2015～2018 年，长三角核心区的高新区净利润稳健增长，由 2976.6 亿元增长到 5467.1 亿元，增长了 0.84 倍，年均增长率为 22.47%。其中，上海市增长了 0.58 倍，年均增长率为 16.59%；江苏地区增长了 1.22 倍，年均增长率为 30.37%；浙江地区增长了 0.77 倍，年均增长率为 20.94%（表 6-13）。江苏地区的苏州市、镇江市、南通市和浙江地区的绍兴市、湖州市、宁波市均增长了 1 倍以上，其中绍兴市与苏州市年均增长率分别为 103.46%和 60.20%，列 14 个城市年均增长率排名前两位。江苏地区的扬州市、泰州市增速较为缓慢，落后于平均水平。从地区来看，2015～2018 年江苏地区的高新区净利润增长较为显著，如图 6-15 所示。

2015 年以来，上海市、江苏地区和浙江地区的高新区净利润保持着比较稳定的增长格局，上海市高新区长期具备区域领先的利润创造能力。江苏地区高新区净利润增长迅猛，在 2018 年超过上海市，居长三角核心区首位。

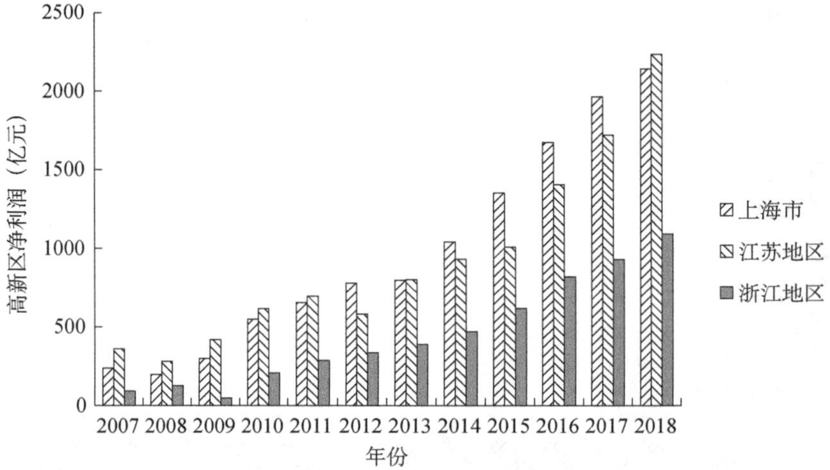

图 6-15　2007～2018 年上海市、江苏地区、浙江地区高新区净利润变化

6.5.3 从构成看特征

表 6-14 列出了 2007～2018 年长三角核心区 14 个城市高新区净利润及其增长。可以看出，各城市存在发展水平的异质性与阶段性。为全面地理解区域的实际情况，可以通过其在全国的占比来反映地区高新区净利润在全国的水平，从构成的角度更全面地审视长三角核心区的高新区净利润状况。表 6-15 表明，2018 年长三角核心区 14 个城市的高新区净利润占全国比重为 22.86%，2015 年和 2016 年增长明显，在 2016 年及之后稳定在 21%以上。

表 6-14　2007～2018 年长三角核心区 14 个城市高新区净利润及其增长（单位：亿元）

城市	2007 年	2008 年	2009 年	2010 年	2011 年	2012 年
上海市	237.8	197.4	299.5	549.3	654	779.1
常州市	43.7	55.4	62.6	94.2	100.9	123.2
南京市	97.0	30.7	112.8	165.3	179.5	128.6
南通市	0	0	0	0	0	0
苏州市	83.1	87.8	93.6	116.2	130.5	129.3
泰州市	0	0	19.5	31.6	36.6	39.0
无锡市	135.9	107.6	128.9	207.4	246.6	161.2

续表

城市	2007年	2008年	2009年	2010年	2011年	2012年
扬州市	0	0	0	0	0	0
镇江市	0	0	0	0	0	0
杭州市	58.2	85.0	101.5	139.2	192.3	235.3
湖州市	0	0	0	0	0	0
嘉兴市	0	0	0	0	0	0
宁波市	34.9	40.6	47.6	68.1	88.1	95.2
绍兴市	0	0	0	0	5.6	5.0
城市	2013年	2014年	2015年	2016年	2017年	2018年
上海市	798.3	1042.1	1350.8	1673.2	1964.9	2140.7
常州市	150.3	162.9	197.4	252.9	302.5	378.6
南京市	185.9	177.2	231.1	283.6	383.4	370.9
南通市	66.9	70.9	99.2	258.6	289.1	288.6
苏州市	168.6	192.0	176.1	230.0	299.2	724
泰州市	35.5	49.7	43.7	51.1	60.2	53.0
无锡市	194.8	271.4	230.5	275.1	322.5	372.7
扬州市	0	0	24.4	29.5	37.9	28.1
镇江市	0	6.9	5.7	23.8	26.0	17.9
杭州市	281.4	347.8	432.8	528.4	601.7	620.1
湖州市	0	0	14.6	22.7	33.1	40.2
嘉兴市	0	0	51.2	74.4	79.9	91.2
宁波市	101.0	114.9	114.6	165.7	195.7	303.2
绍兴市	6.6	7.0	4.5	28.9	18.0	37.9

表 6-15　2007～2018 年长三角核心区 14 个城市高新区净利润占全国比重

年份	长三角核心区（亿元）	全国（亿元）	占全国比重（%）
2007	690.6	3 159.3	21.86
2008	604.5	3 304.2	18.29
2009	866.0	4 465.4	19.39
2010	1 371.3	6 855.4	20.00
2011	1 634.1	8 484.2	19.26
2012	1 695.9	10 243.2	16.56

续表

年份	长三角核心区（亿元）	全国（亿元）	占全国比重（%）
2013	1 989.3	12 443.6	15.99
2014	2 442.8	15 052.5	16.23
2015	2 976.6	16 094.8	18.49
2016	3 897.9	18 535.1	21.03
2017	4 614.1	21 420.4	21.54
2018	5 467.1	23 918.1	22.86

6.6 高新区出口总额

高新区是我国促进高新技术产业发展、增强国际竞争力的“桥头堡”。高新区出口总额体现了高新区相关产业的国际竞争力，我国高新技术产业的发展在国内领先的同时需要良好的国际视野，生产出具备国际竞争力的产品，有利于我国在更高的位置参与国际分配，助力国际国内双循环发展。长三角核心区是我国进出口贸易的重要区域，考察区域内高新区出口总额，能够了解区域内各城市的出口现状，进一步了解城市的国际竞争力，同时考察区域间出口能力的差异，最后在全国范围内考察区域整体出口能力和水平。

6.6.1 从数字看态势

2018 年，长三角核心区高新区出口总额为 12 480.5 亿元。其中，上海市高新区出口总额为 2570.3 亿元，占比为 20.59%；江苏地区合计 8340.9 亿元，占比为 66.83%；浙江地区合计 1569.3 亿元，占比为 12.57%（表 6-16）。14 个城市中，苏州市以 4566.1 亿元列第一位，上海市以 2570.3 亿元列第二位，无锡市以 1825.3 亿元列第三位。在江苏地区，苏州市、无锡市、南京市列前三位，其中苏州市占长三角核心区的比重为 36.59%。在浙江地区，宁波市、杭州市列前两位，占比分别为 4.88%和 4.18%。江苏地区 8 个城市的高新区出口总额占长三角核心区超 2/3 的份额。

表 6-16 2018 年长三角核心区 14 个城市高新区出口总额及其增长

地区	2018 年高新区出口总额		2018 年比 2015 年增长倍数（倍）	2015～2018 年年均增长率（%）
	总数（亿元）	占比（%）		
上海市	2 570.3	20.59	0.26	8.00
常州市	663.4	5.32	0.25	7.81
南京市	740.9	5.94	0.92	24.26
南通市	352.1	2.82	0.26	8.01
苏州市	4 566.1	36.59	1.66	38.63
泰州市	83.6	0.67	1.55	36.60
无锡市	1 825.3	14.63	0.37	10.95
扬州市	40.9	0.33	1.42	34.26
镇江市	68.6	0.55	3.43	64.18
杭州市	521.4	4.18	0.22	6.82
湖州市	124.2	1.00	1.12	28.38
嘉兴市	168.9	1.35	0.52	15.02
宁波市	609.0	4.88	0.50	14.44
绍兴市	145.8	1.17	2.97	58.38
上海市	2 570.3	20.59	0.26	8.00
江苏地区	8 340.9	66.83	0.93	24.61
浙江地区	1 569.3	12.57	0.51	14.68
合计	12 480.5	100.00	0.69	19.08

图 6-16 显示了 2008 年、2015 年、2018 年长三角核心区 14 个城市高新区出口总额增长。图中显示，2015～2018 年各城市的高新区出口总额都实现了稳健增长，其中江苏地区的镇江市和浙江地区的绍兴市增长最为明显。2018 年，苏州市、上海市、无锡市、南京市、常州市、宁波市列前六位。

2018 年，长三角核心区 14 个城市平均高新区出口总额为 891.5 亿元。其中，上海市，以及江苏地区的苏州市、无锡市这 3 个城市高新区出口总额高于平均水平，其余 11 个城市低于平均水平（图 6-17）。高于平均水平的 3 个城市的高新区出口总额占长三角核心区高新区出口总额的 71.81%。

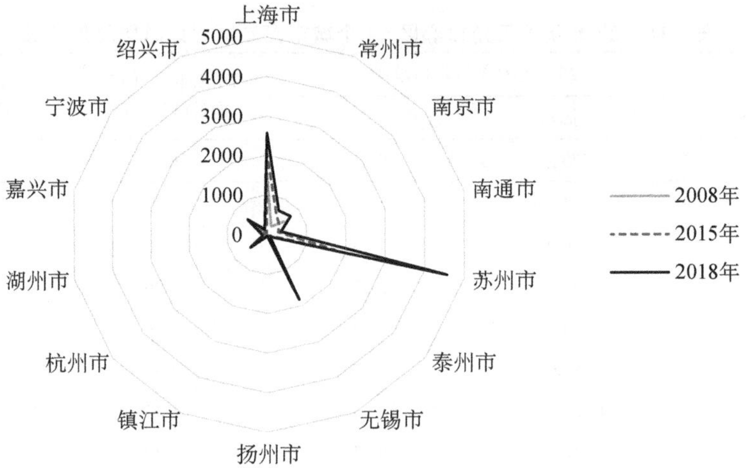

图 6-16　2008 年、2015 年、2018 年长三角核心区 14 个城市高新区出口总额增长（单位：亿元）

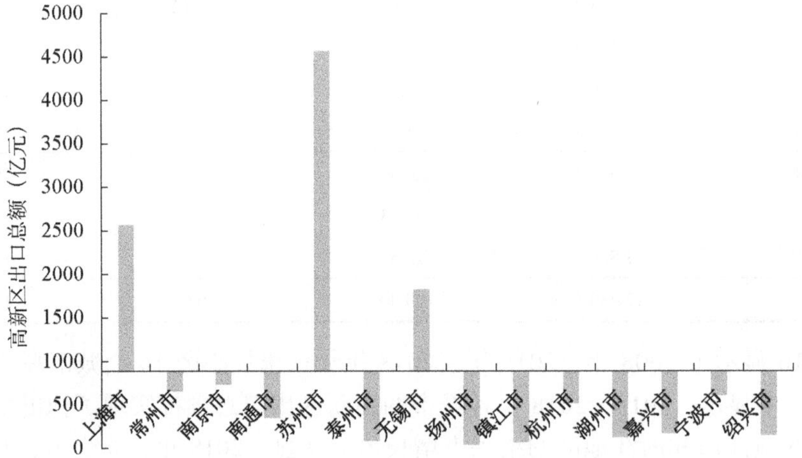

图 6-17　2018 年长三角核心区 14 个城市高新区出口总额与平均值比较

6.6.2　从增速看发展

2015～2018 年，长三角核心区的高新区出口总额稳中有增，由 7391.8 亿元增长到 12 480.5 亿元，增长了 0.69 倍，年均增长率为 19.08%。其中，上海市高新区出口总额增长了 0.26 倍，年均增长率为 8.00%；江苏地区增长了 0.93 倍，年均增长率为 24.61%；浙江地区增长了 0.51 倍，年均增长率为 14.68%，如表 6-16 所示。2015～2018 年，江苏地区的高新区出口总额增长较为显著（图 6-18）；江苏地区的镇江市和浙江地区的绍兴市均增长了 2 倍以上，年均增长率分别为 64.18%和 58.38%；江苏地区的苏州市在极高的基数水平上仍然实现了年均增长率为 38.63%的快速增长；上海市，江苏地区的常州市、南通市，以及浙江地区的杭州市增长相对较慢，但仍然实现了年均增长率超过 5%的稳健增长。

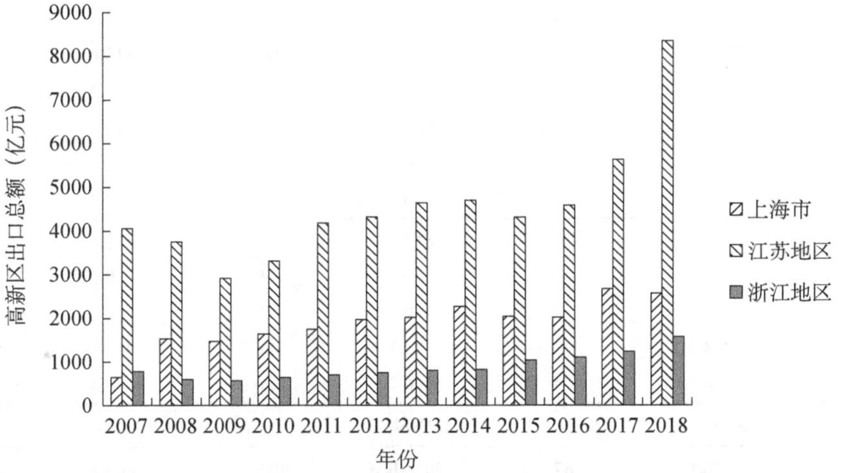

图 6-18 2007～2018 年上海市、江苏地区、浙江地区高新区出口总额变化

2015 年以来，江苏地区和浙江地区的高新区出口总额保持着比较稳定的增长格局。2018 年，上海市高新区出口总额出现下降，江苏地区则实现了近年来最快的增长。2007～2018 年，江苏地区高新区出口总额稳居长三角核心区首位，且占比有扩大趋势。

6.6.3 从构成看特征

表 6-17 列出了 2007～2018 年长三角核心区 14 个城市高新区出口总额及其增长。由于单纯的总量衡量不能全面地反映区域的实际情况，可以通过其在全国的占比来反映地区高新区出口总额在全国的水平，从构成的角度更全面地审视长三角核心区的高新区出口总额的情况。表 6-18 表明，2018 年长三角核心区 14 个城市的高新区出口总

额占全国比重为 33.49%。总体来看，2007～2018 年，其占比先降后升，2015～2018 年稳健增长，在 2018 年重新超过三成。

表 6-17　2007～2018 年长三角核心区 14 个城市高新区出口总额及其增长（单位：亿元）

城市	2007 年	2008 年	2009 年	2010 年	2011 年	2012 年
上海市	652.4	1525.7	1467.6	1637.0	1744.5	1968.3
常州市	183.4	226.3	233.5	299.4	361.2	440.2
南京市	603.9	529.9	405.1	418.3	492.1	482.8
南通市	0	0	0	0	0	0
苏州市	2026.9	1723.9	1174.4	1417.7	1815.6	1693.5
泰州市			38.8	43.6	48.5	22.8
无锡市	1241.9	1266.2	1058.5	1126.6	1463.4	1677.6
扬州市	0	0	0	0	0	0
镇江市	0	0	0	0	0	0
杭州市	555.7	325.2	259.1	277.9	315.1	310.6
湖州市	0	0	0	0	0	0
嘉兴市	0	0	0	0	0	0
宁波市	224.9	278.9	313.8	366.2	374.8	417.2
绍兴市	0	0	0	0	12.4	25.9
城市	2013 年	2014 年	2015 年	2016 年	2017 年	2018 年
上海市	2016.1	2267.3	2040.6	2018.2	2668.7	2570.3
常州市	475.1	461.2	529.4	555.9	584.7	663.4
南京市	505.2	535.2	386.2	462.0	556.7	740.9
南通市	230.9	239.0	279.4	332.1	338.9	352.1
苏州市	1882.5	1879	1714	1951.5	2367.6	4566.1
泰州市	66.1	51.3	32.8	13.2	14.7	83.6
无锡市	1480.4	1521.2	1336.5	1174.3	1654.7	1825.3
扬州市	0	0	16.9	20.5	31.0	40.9
镇江市	0	11.4	15.5	73.6	76.3	68.6
杭州市	322.4	360.2	427.8	427.6	498.5	521.4
湖州市	0	0	58.7	86.8	107.1	124.2
嘉兴市	0	0	111.0	133.6	152.7	168.9
宁波市	433.0	433.2	406.3	353.6	405.9	609.0
绍兴市	47.5	38.3	36.7	102.6	67.4	145.8

表 6-18 2007～2018 年长三角核心区 14 个城市高新区出口总额占全国比重

年份	长三角核心区（亿元）	全国（亿元）	长三角核心区占全国比重（%）
2007	5 489.1	13 491.8	40.68
2008	5 876.1	14 710.2	39.95
2009	4 950.8	13 722.6	36.08
2010	5 586.7	18 080.8	30.90
2011	6 627.6	21 060.3	31.47
2012	7 038.9	23 690.9	29.71
2013	7 459.2	25 997.5	28.69
2014	7 797.3	26 730.0	29.17
2015	7 391.8	29 477.3	25.08
2016	7 705.5	29 146.1	26.44
2017	9 524.9	32 292.0	29.50
2018	12 480.5	37 263.8	33.49